人物叢書

新装版

大《おお》江《えの》広《ひろ》元《もと》

上杉和彦

日本歴史学会編集

吉川弘文館

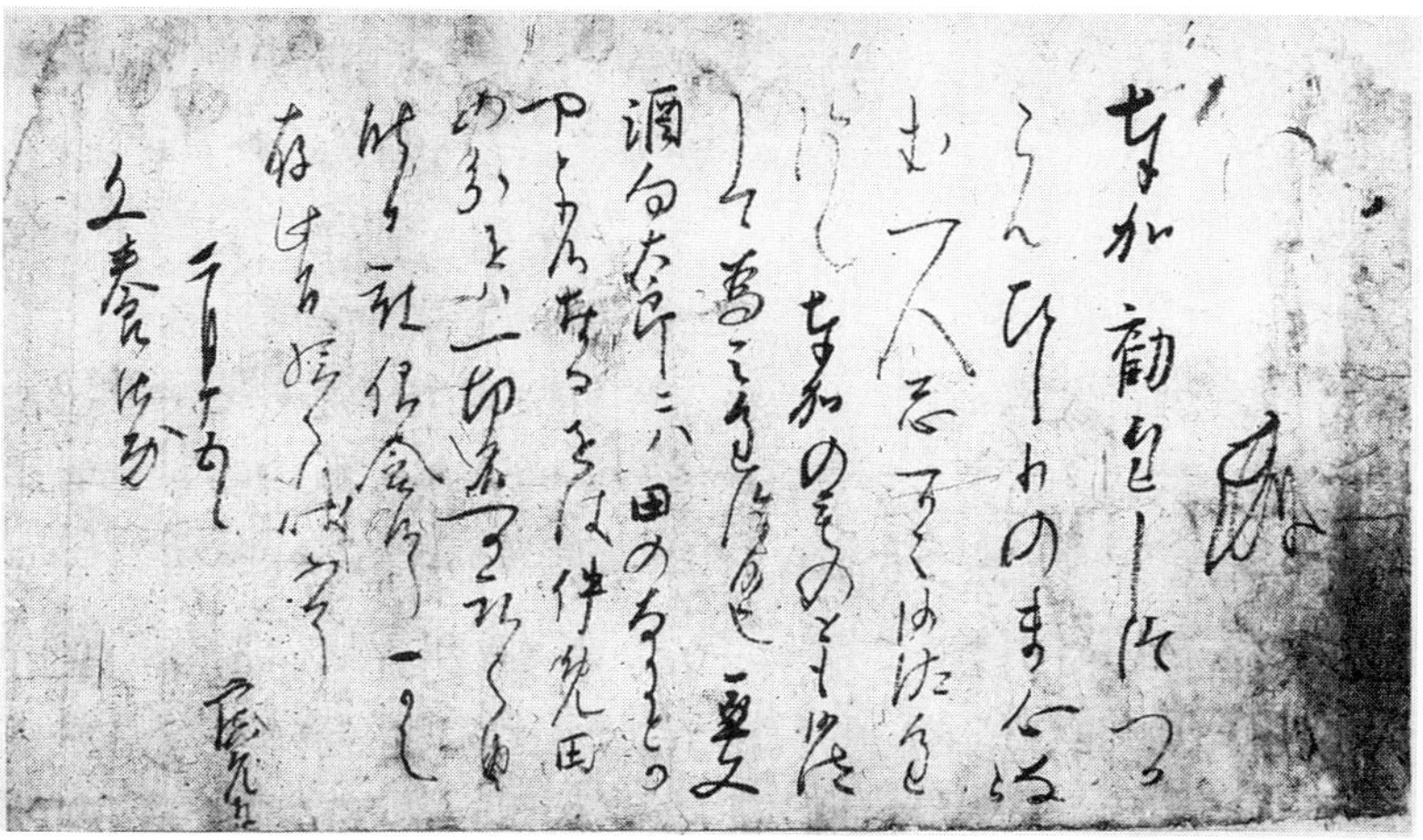

（年欠）二月十五日大江広元書状
（関戸守彦氏所蔵，東京大学史料編纂所提供）

（花押）（源頼朝）
奉加勧進しつへか
らんひしりのま心なら
む一人、忩可令沙汰進
給也、奉加のものとも沙汰
して、為令進給候也、兼又、
酒匂大（太）郎ニハ、田のなにとか
やとり候なるをは、件免田
の分ヲハ、一切不可取之由、
昨日被仰含候了、可令
存此旨給之状如件、
二月十五日　（大江）広元奉
文養（覚淵）御房

伝大江広元墓

明王院（鎌倉市十二所）から瑞泉寺（同二階堂）に向かう山道（現・天園ハイキングコース）に立つ広元の墓と伝承される層塔.

はじめに

本書は、鎌倉幕府源氏三代将軍の側近《そっきん》となり、幕府の高級官僚として活躍した大江（中《なか》原《はら》）広元の生涯を、主に幕府政治の展開に沿って叙述した伝記である。

広元は、文官貴族の家に生まれ、外記《げき》という実務官人として活動した後、関東に成立したばかりの源《みなもとの》頼朝《よりとも》の軍事政権に加わり、四十年以上にも及ぶ長期にわたり、その優れた実務処理能力と豊富な学識を駆使して幕府に奉仕した。

平安末期から鎌倉前期にかけての日本における政治の激動を、広元ほどあざやかに一身に体現した人物は、多くはない。広元は、頼朝の右筆《ゆうひつ》にして無二の腹心となり、鎌倉幕府の初代公文所別当《くもんじょべっとう》、ついで政所《まんどころ》の初代別当の地位を得て、初期鎌倉幕府の行政実務の中心となった。さらに広元は、有力御家人《ごけにん》同士の激しい武力抗争が頻発した二代将軍頼家《よりいえ》・三代将軍実朝《さねとも》の時代においても、将軍側近の立場を貫きながら、幕政の主導権を握りはじめた執権《しっけん》北条氏の一族との協調関係を強め、幕府宿老《しゅくろう》としての存在感を示し続けた。広元は、将軍専制体制から執権体制への幕府政治の道筋を固める上で極めて大きな役割を果たしたのであり、彼の活躍が、日本における武家政権の確立と長期にわたる存続の要因の一つとなったといっても、決して過言ではないだろう。

当然ながら広元の名は良く知られ、ほとんどすべての日本史の辞書・教科書・概説書の中で、幕府初代別当就任、頼朝に対する守護・地頭設置の建議などを中心に、広元の事蹟に関する記述に一定の紙幅が割かれている。

また、幕府政治における彼の役割の大きさを反映して、『吾妻鏡《あずまかがみ》』の叙述に多く登場するなど、彼に関する史料の量は決して少ないとはいえない。だが、『吾妻鏡』の中で広元が登場する多くの場面は、頼朝（あるいは幕府）の政策決定・命令伝達に関わるものであり、純粋な意味で広元個人の事蹟とその意義を語る史料は、意外に乏しいといわざるをえない。これは、広元自身の伝記を著《あらわ》す上での困難さの要因の一つであるといえよう。

本書の執筆にあたっては、そのような事情を十分に意識しながら、『吾妻鏡』の他、『玉葉《ぎょくよう》』『明月記《めいげつき》』などの公家日記、学界未紹介のものを含む文書史料、系図類などに基づいて、広元個人の事蹟を多面的かつ総合的に描くことに努めた。その結果として、単に「将軍に忠実な腹心」あるいは「実直な幕府の役人」というイメージに収斂《しゅうれん》しきらない、政治家広元の立体的な姿を復元できたならば幸いである。

なお、広元の晩年の事蹟には、彼の後継者の立場にあった嫡子親広《ちかひろ》の活動が深く関わっており、広元の子孫の中で、親広の動向についてはやや立ち入った叙述を行なった。

本書の叙述の中で史料からの引用を行なう場合、原文の形で読者に接していただきたいと考えた際には、漢字仮名交じり文などに書き変えた上で意訳文を付し、それ以外のものは、現代語に改めたものを示すこととした。また、『吾妻鏡』に基づく叙述に関しては、引用頻度が極めて高いことから、煩雑さを避けるために必ずしもすべてにわたって出典を示していない。したがって、出典の明記がない箇所の史料的根拠は、すべて『吾妻鏡』であると判断していただきたい。

二〇〇五年二月一日

上杉和彦

目次

はじめに
第一　朝廷の実務官人……一
一　おいたち……一
二　朝廷への出仕……五
第二　新天地鎌倉へ……一〇
一　鎌倉への下向……一〇
二　頼朝への近侍……一三
三　公文所別当就任……一九
第三　文治元年の政治情勢……二六

一　源義経の動向……………………………………二六
二　守護・地頭問題…………………………………三三
第四　朝幕交渉における活躍………………………四二
一　文治二年の上洛…………………………………四二
二　幕府文書発給実務と文治三年の上洛…………五二
第五　建久年間の広元………………………………六二
一　奥州合戦と建久元年の頼朝上洛………………六二
二　任官問題の波紋…………………………………八〇
三　頼朝の征夷大将軍就任とその晩年……………九〇
第六　将軍頼家の時代………………………………一〇〇
第七　将軍実朝と北条氏のはざまで………………一一五
一　北条時政との関係………………………………一一五
二　和田合戦と実朝側近広元………………………一三〇

第八　連署の執権……………………………………………一三九
一　北条義時との協調……………………………………一三九
二　広元の改姓と実朝任官問題…………………………一四五
第九　実朝暗殺と承久の乱――晩年の広元――………一五三
一　将軍実朝の暗殺………………………………………一五三
二　承久の乱………………………………………………一五九
三　広元の死と政治的遺産………………………………一六六
第十　鎌倉御家人広元の周辺……………………………一七一
一　邸宅と所領……………………………………………一七一
二　諸史料と伝承…………………………………………一七六
三　子孫たち………………………………………………一八四
むすびに――広元の政治的評価――……………………二〇〇
鎌倉関係図……………………………………………二〇六―二〇七

大江氏略系図……二〇八―二〇九
清和源氏・北条氏略系図……二一〇
天皇家略系図……二一一
摂関家略系図……二一二
村上源氏略系図……二一二
略　年　譜……二一三
主要参考文献……二一三

口　絵

（年欠）二月十五日大江広元書状

伝大江広元墓

挿　図

九条兼実像……六

伝源頼朝坐像……一一

源義経像……二七

守護・地頭設置の建議
（北条本『吾妻鏡』文治元年十一月十二日条）……三五

源頼朝政所下文……五七

『和歌真字序集』紙背文書（第七号文書）……七六

源通親像……八三

後白河法皇像……八六

源頼家像……一〇一
比企氏一族の墓……一一一
北条時政像……一一六
源実朝像……一一七
和田義盛像……一三七
鶴岡八幡宮……一五四
後鳥羽上皇像……一六一
伝北条政子像……一六三
源頼朝墓裏手の広元墓……一六八
源頼朝墓……一六九

挿　表

『和歌真字序集』紙背文書目録……七二―七三
大江広元の所領・所職……一七四

第一　朝廷の実務官人

一　おいたち

生誕年

大江広元は、久安《きゅうあん》四年（一一四八）に生まれた。この生誕年は、嘉禄《かろく》元年（一二二五）に七十八歳で没したとする『吾妻鏡《あずまかがみ》』『鎌倉年代記』『関東評定伝《かんとうひょうじょうでん》』の記事からの逆算によって判断されるものである。『尊卑分脈《そんぴぶんみゃく》』には、嘉禄元年に八十三歳で没したこと、すなわち康治《こうじ》二年（一一四三）誕生とする記述が見えるが、ここでは広元と鎌倉幕府の関わりの大きさから、久安四年誕生説を採ることとする。

出自に関する諸説

広元の出自《しゅつじ》に関しては、三つの異なる説がある。

一つは、『尊卑分脈』「大江氏系図」の広元の箇所に「中原家系図に云《い》わく、広元は明《みょう》法博士《ほうはかせ》中原広季《ひろすえ》の第四男なり。今按《あん》ずるに、広元は、散位《さんに》従四位上大江朝臣維光《あそんこれみつ》の子なり。しかるに広季、養いて子と為す。故に中原と号するなり」と見えるもので、実父は大江維光であり、中原広季の養子になったとされている。大江維光は、院政期の文人貴族大江匡房《まさふさ》の孫にあたり、文章道《もんじょうどう》（漢文・中国史を専門とする学問）を学び、式部少輔《しきぶのしょうゆう》などを歴任した人物である。また中原広季は、中原氏の中で明経道《みょうぎょうどう》（儒学を専門とする学問）を家学とする一流に属し、明経博士となった人物である。

第二の説は、『続群書類従《ぞくぐんしょるいじゅう》』所収「中原系図」に見えるもので、実父を中原広季、養父を大江維光としている。また、『尊卑分脈』「大江氏系図」の広元の箇所に引かれた「中原家系図」に「中原広季の第四男なり」と見えることは右記の通りであり、さらに『尊卑分脈』「中原氏略系図」にも、広元は広季の子として見える。

広元の出自に関する第三の説は、『系図纂要《けいずさんよう》』『江氏家譜《ごうしかふ》』に見えるもので、実父は後《ご》白河《しらかわ》上皇の近臣として有名な藤原光能《みつよし》で、母（大江維順《これより》の娘）が中原広季と再婚したために中原姓を名乗るようになり、さらに母の兄弟にあたる大江維光と「父子の契約」を結んでいたために、養子となり、後に大江氏に改姓したというものである。しかしこれによると、長承《ちょうしょう》元年（一一三二）生まれの光能が十七歳の時に広元が生まれたことになり、事実にはかなり遠いといわざるをえなくなる。

実父は大江維光

したがって、実父は中原広季と大江維光のいずれかということになるが、建保《けんぽ》四年

（二三六）に広元が大江姓への改姓を朝廷に求めた申文《もうしぶみ》の中に、改姓理由として大江維光と「父子の儀」にあったことがあげられており、また中原広秀（広季の誤り）に「養育の恩」を蒙ったと記されていることから、大江維光を実父と判断する。

父祖の活動

広元の祖父にあたる維順は、藤原忠実《ただざね》の命によって藤原師長《もろなが》（頼長の子）の家司《けいし》とされており（『兵範記《へいはんき》』久安五年十月十九日条）、また養父の中原広季は、忠実の子である頼長の家司（『兵範記』仁平《にんぴょう》二年正月二十六日条など）、同じく忠実の子である忠通《ただみち》の家司（『兵範記』保元《ほうげん》元年八月二十一日条など）、さらに忠通の子である松殿基房《まつどのもとふさ》の家司（『兵範記』仁安《にんあん》三年六月二十日条など）を歴任するなど、ともに摂関家《せっかんけ》との深い関わりを持っていた。また維順と広季はいずれも歌人として名を残した人物である。広元が広季の猶子《ゆうし》となった背景には、このような摂関家周辺の文人貴族間のネットワークがあったのかもしれない。維順の子である維光が広季の女子を室としたことから、二人の間に生まれた広元が外祖父《がいそふ》広季の猶子となったのであろう。

兄弟

『尊卑分脈』によれば、広元には二人の兄と一人の弟、そして三人の姉妹がいた。長兄の匡範《まさのり》の一流は、維光より文章道の学問を継承し、文章博士・大学頭《だいがくのかみ》となった人物を輩出している。次兄は親光《ちかみつ》といい、その子親厳《しんげん》は、後に東寺一長者《とうじいちのちょうじゃ》となっている。

広元の弟にあたる季厳《きげん》は、鎌倉時代になって六条若宮八幡宮の初代別当《べっとう》となっている。

姉妹

広元の三人の姉妹のうち、長女は、伊賀守《いがのかみ》藤原仲教《なかのり》の室となり、その子には、中原親《ちか》能《よし》（広元の義兄弟）の猶子となり、鎌倉幕府三代将軍実朝《さねとも》の側近となった田村仲能《なかよし》がいる。次女は、中原能直《よしなお》の母とされている。この能直もまた中原親能の猶子となり、豊後《ぶんご》の戦国大名となった大友氏の祖とされた人物である。ただ、大友能直の出自に関しては、実父は相模《さがみ》国の武士である近藤（古庄《ふるじょう》）能成《よしなり》、実母は同じく相模国の武士である波多野経《はたのつね》家《いえ》の娘とする説が有力視されており、広元の姉妹の子とする『尊卑分脈』の記載には混乱があるものと思われる。三女は水谷重清《しげきよ》の母とされている。重清は、広元の猶子となった人物であり、広元の子孫に関する章で再びふれることとしたい。

中原親能

なお、中原広季の子であり、広元と兄弟関係を持った人物に中原親能がいる。『大友家文書録』には、親能の実父は藤原光能であり、母が中原広季の娘であったため、外祖父の広季の養子となり中原姓を名乗ったことが記されているが、あるいはこの所伝が混乱して広元の系譜伝承に紛れ込んだのかもしれない。親能については、広元の活動に関連して、本書の中でしばしば詳しくふれることとなる。

伝統的文官貴族の家柄

こうして広元は、文章道を家学とする大江氏、明経道あるいは明法道（律令《りつりょう》の学問）を家学とする中原氏という伝統的文官貴族の家を出自とし、家業である学問を継承する立場にあって成長した。多くの官衙《かんが》の実務が下級貴族の家職《かしょく》となりつつあった平安時代後期にあって、広元には、文官官僚として朝廷社会を生き抜く道が定められていた。

二　朝廷への出仕

明経得業生

縫殿允

権少外記

広元は、文人貴族の名門の出にふさわしく学業に秀で、明経生（明経道の学生）の中から成績優秀なものが選ばれる明経得業生《とくぎょうせい》となっている。下級貴族の家の出身者にとって、明経得業生となることは官職任官の道に通じる重要なステップの一つであり、仁安三年（一一六八）十二月十三日に広元は縫殿允《ぬいどののじょう》への任官を果たした（『兵範記』『山槐記除目部類《さんかいきじもくぶるい》』）。縫殿寮の三等官である縫殿允は、平安時代後期には「諸道得業生」が任じられる官の一つとされており（『官職秘抄《かんしょくひしょう》』）、慣例に沿った任官であったといえる。

ついで嘉応《かおう》二年（一一七〇）十二月五日、広元は権少外記《ごんのしょうげき》に任じられ、太政官《だじょうかん》の事務部局の一つである外記局の官人としてのキャリアを歩み出す（『外記補任《ぶにん》』）。彼が学んできた明経道は、朝廷の公文書をあつかう外記職に不可欠のものであり、広元にとって満足な任官であったと思われる。翌年の承《じょう》安《あん》元年（一一七一）正月十八日には、一ランク上位の少外記に昇進しており、朝廷官人広元の職歴は、まずは順調なすべり出しを見せたといえよう。

九条兼実の許での活動

広元の外記としての具体的活動の様子は、摂関家の九条兼実《くじょうかねざね》の日記『玉葉《ぎょくよう》』に散見している。たとえば、承安元年九月十日から十二日条にかけて、外記広元が右大臣兼実の許《もと》を訪れ、伊勢神宮への奉幣《ほうべい》や宣命《せんみょう》に関する報告を行ない、指示を仰いでいる。また、同じく承安二年（一一七二）十二月三日条には、「六位外記」広元が、伊勢神宮より提出された神宮怪異に関する解《げ》状《じょう》（上申に用いられる公式文書）を下し渡され、これについて大外記清原頼業《きよはらのよりなり》に調査報告を命じさせるよう、兼実より指示を受けている。

九条兼実像
（「天子摂関御影」宮内庁三の丸尚蔵館蔵）

兼実と清原頼業

清原頼業は、外記の最高責任者の職を世襲する地位（大外記の一人が相当し、「局務《きょくむ》」とよばれる）にあるものとして、広元の直接の上司にあたり、さらに兼実の側近の一人として、朝廷行事の先例などに関する兼実の諮問《しもん》に答えるブレーンの立場にあった。したがって広元は、清原頼業を補佐しながら兼実の職務に奉仕していたことになる。

兼実の政務を支える

この頃の広元に対する兼実の諮問事項には伊勢神宮関係の事柄が多いが、これは、承安二年から三年にかけて、兼実が神宮上卿《しょうけい》（伊勢神宮に関する諸問題を専掌した公卿《くぎょう》）の任にあったことによるものである。

ところで、『玉葉』承安二年六月七日条には、伊勢神宮への公卿勅使《ちょくし》発遣という行事の担当外記（「行事外記」とよばれる）を勤める広元に対して「中原広元。広季の子なり。一《いち》臈《ろう》の外記なり」という記述がみえる。すなわち、この時点までに兼実は、広元という人物の出自を認識するようになっていたことになる。ちなみに「一臈の外記」とは、六位の外記の中で、もっとも職歴の長い者であることを意味する。

前述したように、広元の実父・養父の家系には摂関家に近い者たちがいたから、兼実が広元に関する何らかの予備知識を有していた可能性はある。だが、この頃の『玉葉』の記事からは、兼実が広元の存在を特別に意識し、注目していた様子はまったくといっていいほどうかがえない。兼実にとっての広元は、あくまで自らの政務を支える事務スタッフの一人にすぎなかった。源平の争乱が起きた後に、広元の言動に一喜一憂する毎日を送るようになるとは、この頃の兼実は夢想だにしなかっただろう。

安芸権介

その後広元は、承安三年（一一七三）正月五日に外記職を去って従五位下の位に叙され、さまざまな特権を有する貴族の仲間入りをし、同月二十一日には、安芸権介《あきごんのすけ》に任じられる（以上『外記補任』）。安芸権介の地位は実際の安芸国の国務とは無関係で、このような任官は、受領《ずりょう》の欠員が生じるまでの一時的なもので、宿官《しゅくかん》とよばれる。

巡年の爵

『尊卑分脈』に「巡年《じゅんねん》これに叙す」とあるように、広元の叙位任官は、六位の中で最も職歴の長い者に五位の位階を保証する「巡年の爵《しゅく》」という位階昇進の慣行によるものであった。五位の位階を得ることは、高収益が期待できる国の受領に任命されるための必須の前提条件である。なお、寿永《じゅえい》二年（一一八三）四月九日に、広元は一階上の従五位上に叙されている。

源頼朝の挙兵

ところが、朝廷官人としての道を歩みはじめた広元のあずかり知らぬところで、歴史は大きく動いていた。治承《じしょう》四年（一一八〇）八月、伊豆《いず》国にいた流人《るにん》源頼朝《みなもとのよりとも》が平氏打倒の兵をあげ、広元が外記の地位を去った時点では、鎌倉に拠点を置きすでに東国の覇者としての地位を固めつつあった。武士が政権を作りあげていく過程で必要とされたのは、主従制にもとづく軍事組織だけでなく、多様な行政実務をこなす、広元のような文筆官僚の能力であった。

頼朝によって、その後の広元の人生は、大きく変容させられることとなるのである。

第二　新天地鎌倉へ

一　鎌倉への下向

源頼朝の軍事政権

後白河《ごしらかわ》上皇の皇子以仁王《もちひとおう》の令旨《りょうじ》に応える形で、治承《じしょう》四年（一一八〇）八月に、伊豆《いず》国で平氏打倒の挙兵をした源　頼朝《みなもとのよりとも》は、石橋山《いしばしやま》の戦いで敗れて安房《あわ》国に逃れた後、房総半島を江戸湾沿いに行動しながら兵力を拡大し、南関東を制圧して十月に鎌倉に入ると、幕府の原型ともいうべき軍事政権を作り上げた。

平氏の西走

一方、九月に信濃《しなの》で挙兵した源義仲《よしなか》（頼朝のいとこ）は、北陸道から京に攻め上り、寿《じゅ》永《えい》二年（一一八三）七月に平氏を西国に敗走させた。この年の十月には、頼朝の巧みな政治戦略が功を奏して、後白河上皇の命により、頼朝の東海道・東山道の支配権を承認する宣旨《せんじ》（いわゆる十月宣旨）が発せられている。ここに、平氏・頼朝・義仲、さらに奥州平《おうしゅうひら》泉《いずみ》の藤原氏の四者によって日本国の統治権が事実上分割領有される体制が出現すること

日本国の分割統治

鎌倉下向の時期

となった。

こうした中で広元は鎌倉に下向《げこう》し、源頼朝に仕える実務官僚としての活動を開始したが、その日時を特定することは困難である。『系図纂要《けいずさんよう》』『江氏家譜《ごうしかふ》』は、治承四年に広元が関東に下向したとする。だが後述するように、『吾妻鏡《あずまかがみ》』において広元の名が登場するのは、治承四年より四年遅れた寿永三年（一一八四）のことである。もし治承四年に広元が下向していたならば、頼朝周辺の動向に詳しい『吾妻鏡』の治承四年の記事に広元がまったく登場しないことは、極めて不自然なことといわざるをえない。また、前述したように、広元は寿永二年四月九日に従五位下に叙されており、この時点では在京していたと判断される。

伝源頼朝坐像（東京国立博物館蔵）

目崎徳衛氏は、「兄親能《ちかよし》の誘いによって、あえて謀叛期の頼朝に初参《ういざん》したものか。もしそれならば、後々まで幾度か幕府の政治的危機に対して非凡の洞察と決断を示した広元らしい、天晴《あっぱれ》な進退というべきであるが」と治承四年下向説が成立する可能性を保留しつつも、常識的な判断として、広元下向の時期を、「義仲滅亡・頼朝復位の後」すなわち寿永二年の末頃から翌年初めにかけてと推測されている（「鎌倉幕府草創期の吏僚について」）。

頼朝と中原親能

次に、広元が鎌倉への下向を思い立った具体的経緯であるが、広元の兄弟にあたる中原親能と頼朝との縁が、広元の下向と密接に関わっていたことは疑いないだろう。親能は幼少時、相模《さがみ》国の武士である波多野経家《はたのつねいえ》の許《もと》で成長し、頼朝とは「年来知音《ちいん》」（長年の知り合い）の間柄であったことが『玉葉《ぎょくよう》』治承四年十二月六日条・『吾妻鏡』文治《ぶんじ》元年四月十四日条から知られる。安達盛長《あだちもりなが》の紹介によって頼朝右筆《ゆうひつ》となった藤原邦通《くにみち》の例のように、頼朝の側近となった人物の多くは、頼朝が信頼を置く人物の推挙《すいきょ》を得ており、広元の場合も、外記《げき》としての広元のキャリアを良く知る親能の推挙を得た結果、頼朝の招きを受けたのだろう。

朝廷実務官人の鎌倉下向

頼朝は、南関東における軍事拠点を足がかりに、より規模の大きな政権を構築していく上で、多様な行政実務を遂行しうる有能な文筆官僚を必要としていた。平安時代以来、多くの朝廷実務官人が、国衙《こくが》や荘園《しょうえん》の現地支配機構など新たな活動の場を求めて京より地方へ下向するようになっていたが、あらゆる縁故《えんこ》を頼ってなされる鎌倉への朝廷実務官人の下向は、そのような動向のクライマックスであった。

二　頼朝への近侍

鎌倉での活動の初見

源頼朝に仕えた広元の鎌倉での仕事を具体的に伝える最も古い史料は、『玉葉』寿永三年（一一八四）三月二十三日条の記事である（以下、史料の引用に際しては、引用者の注記を（　）の中に記すものとする）。

光長《みつなが》告げ送りて云《い》わく、「広季《ひろすえ》只今入り来りて云わく、『頼朝、条々の事を院に奏す。その中に下官（九条《くじょう》兼実《かねざね》）摂政藤《せっしょうとう》氏《し》長者《ちょうじゃ》たるべきの由《よし》、挙げしめおわんぬるの由、広元の許広季の男なりより告げ送る所なり』と云々。「即ち『その正文《せいもん》御覧《ごらん》を経《ふ》べき』の由、広季申さしむと云々。（中略）件《くだん》の状一見を加え返し遣《つか》わしおわんぬ。件の脚力《きゃくりき》去る十九日到来す。頼朝、院に奏するの状、即ち広元執筆し、泰経《やすつね》卿に付すと云々。

頼朝奏状を執筆

内容は以下の通りである。この日右大臣九条兼実は、家司《けいし》の藤原光長より、中原広季（広元の父）から知らせがあったことを伝えられた。その知らせとは、「頼朝が後白河上皇に宛てた奏状の内容に、兼実を摂政・藤原氏長者に推挙する旨が含まれていることを広元が伝えてきた」というものであった。兼実は求めに応じて、広元の手で執筆され後白河の近臣高階《たかしな》泰経に付された奏状の正文に眼を通した。

『吾妻鏡』に見える奏状

この時の奏状に関係すると見られるのが、『吾妻鏡』元暦《げんりやく》元年（寿永三年）二月二十五日条に引用されている頼朝奏状である。それは全四条からなり、第一条「朝務等事」では徳政《とくせい》の実施と戦乱で荒廃した東国・北国における国司任命、第二条「平家追討事」では畿内近国における源義経《よしつね》への軍事指揮権付与、第三条「諸社事」では神領安堵《あんど》と恒例神事の勤行《ごんぎょう》、第四条「仏寺間事」では僧侶の武装活動の停止および武装解除、といった政治的重要事項に関する提言を内容としている。

寿永二年の頼朝政権

『吾妻鏡』に見える奏状の背景について、簡単に説明しよう。寿永二年（一一八三）十月宣旨によって、朝敵の立場を公式に取り消され、官位を復するとともに、関東の支配者の地位を後白河上皇に認めさせることに成功した頼朝は、平氏を都より追いやった源義仲に代わって、寿永三年正月二十六日に平氏追討の宣旨を与えられた。さらに頼朝は、平家没官《もっかん》領の領有権など、義仲が自らの軍事力で得たもののすべてを手中にするとともに、その影響力を次第に朝廷政治に与え始めていた。一方で頼朝は、源氏方武士の軍事的勝利にともなって生み出された広域の占領地行政に細心の注意を払い、寺社勢力の既得権益を擁護しながら占領地の秩序回復をはかっていた。頼朝奏状は、そのような状況の中で作成されたものである。

朝廷政治への提言

以上のように、この時期の頼朝は、積極的に朝廷政治に関する提言を奏上しており、摂関家の相続問題にも深い関心を払っていたのであろう。藤原氏長者推挙に関する頼朝奏状自体は確認できないが、自らの人事に関する事柄が含まれていたために、兼実は頼朝奏状のことを日記の中で言及し、さらにその奏状の執筆者が広元であることを書き記したのである。

頼朝・兼実連携の窓口

兼実にとって、広元はかつての自らの行政スタッフの一人にすぎない人物であった。だが、頼朝の幕府草創後の広元は、頼朝との連携の橋渡しを務める重要な人物となっており、その後の兼実の政治活動に極めて大きな影響を与えることとなるのである。頼朝にとっても、今後の対朝廷交渉の重要な窓口となる兼実との縁を持つ広元は、誠に得がたい存在であったといえよう。

ちなみに、『玉葉』の別の記事（寿永三年四月七日条）には、『吾妻鏡』所引の奏状は、頼朝が鶴岡八幡宮《つるがおかはちまんぐう》の宝前で祈禱《きとう》した後に「広元に仰せこれを書かしむ」と見える。推測になるが、外記官人として公文書の作成に長《た》けた広元が、右筆として頼朝の言葉を書きしたためただけでなく、奏状の語句や内容に関しても、頼朝に対して何らかのアドバイスをしていたのかもしれない。

広元が関わる頼朝文書の最古例

広元が発給に関わった頼朝文書が実例として残る最古の例は、広元が頼朝の仰せを奉じて作成した寿永三年七月二日頼朝御教書《みぎょうしょ》（「東大寺文書」。『平安遺文』四一五八号。以下、平四一五八のように表記）である。同文書の内容は、先にふれた頼朝の院奏と関わる問題である、北陸道の東大寺領荘園における狼藉《ろうぜき》の停止、伊賀《いが》国鞆田荘《ともだのしょう》に対する東大寺の領有確認、さらに東大寺大仏造営のための滅金（鍍金《めっき》）など三項目にわたっている。なお、奉者の広元はこの文書に「散位《さんに》広元」と署名しており、この時期の広元は、すでに「安芸《あき》権《ごんの》介《すけ》」ではなかった。

なお、神護寺《じんごじ》領神野真国《こうのまくに》荘に関する内容を持つ文覚《もんがく》宛の年欠五月十八日頼朝御教書（「里見忠三郎氏所蔵文書」）は、「元暦元年（寿永三年）」という異筆の書きこみがあることよりその時期のものと判断されて、『平安遺文』四一七一号文書に収められている。これは、署判《しょはん》している「左衛門少尉《さえもんのしょうじょう》大江」を広元に当てたものであるが、当然この時の広元は中原姓でなくてはならず、後述するように、広元が「左衛門尉」に任じられていたのは建久《けんきゅう》二年（一一九一）から三年にかけてのことである（しかも厳密には「左衛門大尉」への任官である）。したがって、この文書を広元が発給に関わった文書と見ることはできない。

『吾妻鏡』の初見記事

また、『吾妻鏡』における広元の初見記事は、元暦元年六月一日に、鎌倉を離れる平《たいらの》頼盛《よりもり》への頼朝の餞別《せんべつ》の礼に参加したことを述べたものである。よく知られているように、母池禅尼《いけのぜんに》が頼朝の助命を嘆願したことや兄清盛《きよもり》と不仲であったことなどの理由で、平頼盛は平氏一門の中で特異な立場にあり、前年の寿永二年八月に鎌倉へ下向し、頼朝より厚遇《こうぐう》を受けていた。その頼盛が、正二位権大納言《ごんだいなごん》の地位に復したことを機に、鎌倉を離れて京に戻ることとなったのである。

平頼盛餞別の礼に並ぶ面々

『吾妻鏡』によれば、小山朝政《おやまともまさ》・三浦義澄《よしずみ》・結城朝光《ゆうきともみつ》・下河辺行平《しもこうべゆきひら》・畠山重忠《しげただ》・橘公《きみ》長《なが》・足立遠元《あだちとおもと》・八田知家《はったともいえ》・後藤基清《もときよ》など「京都に馴《な》るるの輩《やから》」が頼朝御前に居並ぶ餞別の場で、広元は、平時家《ときいえ》とともに引出物《ひきでもの》を頼盛に与える役を勤めている（時家は金作剣、広元は砂金）。

広元の役割

平時家は時忠《ときただ》の次男であり、頼朝挙兵以前より関東に下ったのち、頼朝の側近として儀礼の場で活躍した人物である。そのような人物とともに広元が所役を果たしたことは、頼朝が、公家《くげ》方との儀礼交渉における広元の役割に高い信頼を置くようになっていたことを示している。

これに関連した元暦元年の広元の活動について、『延慶本《えんきょうぼん》平家物語』第五末「重衡卿《しげひら》千手前ト酒盛事」に次のような興味深い記述が見えている。

『延慶本平家物語』

大膳大夫《だいぜんだいぶ》広元、其時ハ因幡守《いなばのかみ》ト申《もうし》ケルガ、広庇《ひろびさし》ニ執筆《しゅひつ》シテ候《そうらい》ケルニ、兵衛佐《ひょうえのすけ》（頼朝）被仰《おおせられ》ケルハ、「平家ハ弓矢ノ方ヨリ外《ほか》ハ、嗜《たしな》ム事ハ無歟《なきか》ト思タルニ、三位（重衡）終夜《よもすがら》琵琶《びわ》ノ事柄口ズサミ、優ナル物哉《かな》」トゾ宣《のたまい》ケル。広元閣筆《ふでをさしおき》テ、「平家ハ代々相伝ノ才人、此人ハ当世無双《むそう》ノ歌人ニテ候。彼一門ヲ花ニ喩《たとえ》候シニハ、此殿（重衡）ヲバ牡丹《ぼたん》ノ花ニ例テコソ候シカ」トゾ申ケル。

広元の重衡評

これは、二月に起きた一の谷の合戦で捕虜となり、鎌倉へ連行されて三月二十八日に頼朝と対面した重衡を慰撫《いぶ》するために、頼朝のはからいで四月二十日に遊宴が催されたことに関する話である。広元は、遊宴の際に披露《ひろう》された重衡の琵琶と朗詠《ろうえい》の才に感服した頼朝に対して、才人の多い平家の中でも重衡は卓越した歌人であるとして、その芸能の才を称える説明をしており、平氏一門を花に喩えるならば重衡は牡丹の花であると最大級の賛辞を与えている。

『平家物語』諸本の異同

『平家物語』諸本の当該記事の異同を見ると、延慶本同様に広元が重衡の芸才に関する発言をしているものに、長門《ながと》本・四部合戦状本・南都異本があり、広元の兄弟にあたる中原親能を発言者とするものに源平盛衰記《げんぺいじょうすいき》・覚一《かくいつ》本・百二十句本・屋代《やしろ》本がある。なお、『吾妻鏡』では藤原邦通《くにみち》が発言している（四月二十日条）。

延慶本の矛盾

史実に近い記述を比較的多く載せていることで知られる『延慶本平家物語』の広元説話は誠に興味深いが、この時点で広元はまだ因幡守となっておらず、その意味で、厳密にいえばこの延慶本の記事の場合には矛盾があることになる。また、『吾妻鏡』に広元の名が見えないことを無視するわけにはいかない。平家の公達《きんだち》の才を称える役回りとしては確かに頼朝周辺の京下りの官人がふさわしいといえるが、広元を発言者とするテキストの叙述は、頼朝による貴人の接待の場でしばしば活躍し、頼朝に対する有能な助言者となった広元のイメージからの創作である可能性が高いといわざるをえないだろう。

三　公文所別当就任

関東御領

平氏を都から駆逐するという大きな戦功をあげた義仲が、寿永三年（一一八四）正月、逆に頼朝の派遣した義経・範頼《のりより》に都を追われて敗死するという情勢の変化を受けて、三月に朝廷は、一旦は義仲の手に入った平家没官領全体に対する支配権を頼朝に与えた。そ

関東知行国

の結果、「関東御領《かんとうごりょう》」とよばれる鎌倉将軍の直轄《ちょっかつ》領荘園群の原型が成立することとなった。さらに朝廷は、頼朝による源氏一門の武士の受領《ずりょう》任官要求に応えて、六月、範頼（頼朝弟）を三河《みかわ》守に、広綱《ひろつな》（源頼政《よりまさ》の子、兄仲綱《なかつな》の猶子《ゆうし》）を駿河《するが》守に、そして平賀義信《ひらがよしのぶ》（源義光《よしみつ》の孫）を武蔵《むさし》守に、それぞれ任じている。こうして、三河国・駿河国・武蔵国は頼朝の知行国《ちぎょうこく》となり、いわゆる「関東知行国」と称される、関東御領とならぶ鎌倉幕府の財政基盤の端緒となった。

公文所の設置

　このようにして成立した大規模な頼朝の家領群経営のためには、家政《かせい》機関の整備が不可欠であった。この年、頼朝が公文所《くもんじょ》を設置したのは、以上のような経緯による。公文所は、古くから貴族たちの家政機関の一つとして置かれ、公文書の作成・発給管理などの業務を担当した。公文所の職員は、朝廷の実務官人から選ばれることが多く、公文所は広元の能力を発揮するにふさわしい場であった。

公文所別当として活動

　広元は、元暦元年（一一八四）八月二十八日に、新造公文所の門立《かどたち》の儀に参仕し、十月六日の公文所吉書始《きっしょはじめ》の儀式には公文所の別当《べっとう》（長官）として着座し、頼朝の御前に吉書を披露している。ここで注意したいのは、『吾妻鏡』の記事に公文所が「新造」されたとあり、決して公文所が新たに開設したとされていないことである。おそらく、この時点以前に公文所の活動は開始されており、別当としての広元の活動も行なわれていたと見るべきだろう。

公文所の構成員

こうして広元は、幕府の組織の中で、文筆官僚のトップとしての立場を得ていた。なお、公文所の構成員である寄人《よりうど》には、広元の兄弟にあたる中原親能の他、二階堂（藤原）行政《ゆきまさ》・足立遠元・大中臣秋家《おおなかとみ》・藤原邦通らがいた。この中で、二階堂行政は、母方が頼朝と親戚関係にある縁で、広元同様に早い時期から幕府の文官官僚としての活動を始めた人物である。行政は、建久二年（一一九一）に政所令《まんどころれい》、さらに同四年には政所別当に昇り、在京中の広元に代わって政所の業務を統括した、広元の良き同僚であった。

公文所の語義と職掌

「公文所」の本来の語義と職掌は、文字通り「公文（公文書）を扱う役所」であった。しかし、「太政官《だじようかん》の庁は凡人の家にとらば公文所ていのところなり」（太政官の政務を司る正庁は、臣下の家における公文所のような機関である）という九条兼実の言葉（『平家物語』巻四「還御」）に端的に示されるように、家政機構においては、実質的に政務処理の機能を担う中心となっていた。

問注所

貴族の家政機関には公文所の他に、訴訟の受理および裁定補佐業務にあたる問注所《もんちゆうじよ》があり、鎌倉幕府の場合、広元と同じ京下りの官人である三善康信《みよしやすのぶ》が初代問注所別当に任じられていたが、広元の主宰する公文所も、訴訟裁定との関わりを持っていた。

公文所の訴訟処理能力

『吾妻鏡』文治元年（一一八五）四月十三日条によれば、前年の元暦元年九月に、平家追討の祈禱の功を賞する頼朝下文《くだしぶみ》によって寺領を安堵された武蔵国威光寺《いこうじ》が、小山有高《ありたか》という武士による寺領侵略を訴えたところ、寺領返付の「下知《げち》」が広元によって下され、その「下知」には二階堂行政・足立遠元・大中臣秋家・藤原邦通たち公文所寄人が「連《れん》署《しょ》」したという。「連署」という記述より、何らかの文書が発給されたことが明らかとなるが、『吾妻鏡』の記事による限り、この訴訟裁定に頼朝が直接関与した形跡は見られない。すなわちこれは、広元の主導の下で、軽微な訴訟に関しては公文所が相対的に自立した訴訟処理を行なった事例といえるのである。

家政機構政所の開設

ちなみに頼朝は、この半月後の四月二十七日に、平家追討の賞として従二位に叙され、公卿《くぎょう》の仲間入りをしている（『公卿補任《ぶにん》』）。公卿の家の中心的家政機構を「政所」と称するという慣行に基づいて、この時頼朝は、正式に政所開設の資格を得ることとなった。したがって、武蔵国威光寺の訴訟裁定は、政所が開設される以前の公文所における広元の業務を示すということになる。

御前沙汰の補完機能

威光寺の寺領をめぐる争いは、公文所の裁定によっても収まらなかったようで、九月五日に再び小山有高の押領《おうりよう》を停止する旨の頼朝の裁定が下され、藤原邦通らがこれを奉行《ぶぎよう》し、広元・二階堂行政・大中臣秋家・足立遠元らが連署した文書が発給されている。これは、厳密には頼朝の御前沙汰《ごぜんざた》を補完する政所の活動ということになろうが、実質的内容としては、頼朝の家政機構が公文所より政所に名称変更した前後に、広元たちの活動に何らかの変化があったわけではない。公文所の裁定と政所の裁定の相違はあくまで名分の問題であり、広元が主導した公文所と政所との間に顕著な職能上の相違が見られないのは明らかだろう。

広元を中心とする頼朝の家政機構

以上、事例としては、文治元年段階の公文所の活動をとりあげたが、前年の元暦元年段階の公文所に訴訟裁定機能が欠如していたことを示す証拠は、特に見当たらない。要するに、しばしば教科書や概説書に見られる「頼朝の公卿昇進にともなう公文所から政所への発展」とは、広元の政務に関する限り、必ずしも実質的な変化をともなったものではない。元暦元年の公文所開設の時点で、広元を中心とする頼朝の家政処理機構の活動基盤は、かなりの程度できあがっていたと見てよいのである。なお、幕府の訴訟受理機関である問注所は、政所の一部局に位置づけられ、長く幕府の訴訟裁定機構の一部としての活動を続けることとなる。

因幡守任官

幕府機構における確固たる立場を得る一方で、広元は、元暦元年九月十八日に因幡守に任じられる（『吾妻鏡』『山槐記《さんかいき》』。『尊卑分脈《そんぴぶんみゃく》』には十一日とあるが誤りか）。前述の通り、広元はかなり以前に、外記のキャリアによって受領任官の資格を得ていた。しかし、資格を得ることは、そのまま任官の実現を意味するものではなく、この時の任官も、八月二十日に鎌倉からなされた朝廷への申請の結果であった。ただし、『吾妻鏡』の同日条には単に「京都に申さる」とあり、東国御家人《ごけにん》が任官される場合のように「頼朝の推挙を受けた」と明示されているわけではない。

源通親との関係

広元の受領任官は、あるいは朝廷側の人間の推挙によるものだったのかもしれない。たとえば、広元の父祖と摂関家の縁を考えれば九条兼実の推挙も想定されうるが、それよりも、広元との親密な関係を長く続けた、久我《こが》源氏の嫡流《ちゃくりゅう》である源（土御門《つちみかど》）通親《みちちか》の存在に注意する必要があろう。

因幡国の知行国主

後述するように、文治元年（一一八五）十二月二十九日に広元の後任として源通具《みちとも》が因幡守に補任されているが（『吉記《きつき》』同日条）、実際の因幡国国務は通具の父である久我源氏嫡流の源通親が掌握しており（『吉記』『玉葉』十二月二十七日条）、すなわち因幡国は通親の知行国であった。とすれば、広元の因幡守補任《ぶにん》もまた知行国主通親の推挙によるものだったのではないだろうか。

もっとも、かりに上級貴族の推挙によるものであったとしても、すでに鎌倉での活動を開始し御家人同様の立場にあった広元の任官が、頼朝の意志とまったく無関係になされたとは考えにくい。朝廷の人々は、この時の因幡守任官にともない、頼朝に奉仕するようになった広元の立場を認識したであろう。ちなみに『尊卑分脈』は、鎌倉下向後に広元が因幡守に任官したことについて、「その身は相模国に住む」という注記をほどこしている。

第三　文治元年の政治情勢

一　源義経の動向

源義経の活躍

文治《ぶんじ》元年（一一八五）の広元の活動には、源義経《みなもとのよしつね》の動向が大きく関わっている。義経は、頼朝の挙兵時には奥州平泉《おうしゅうひらいずみ》の藤原氏の庇護《ひご》を受けており、治承《じしょう》四年（一一八〇）十月に、黄瀬川《きせがわ》の陣で兄頼朝《よりとも》との対面を果たしている。寿永《じゅえい》三年（一一八四）正月二十六日に、義仲《よしなか》に代わって平氏追討の宣旨《せんじ》を与えられた頼朝は、弟の範頼《のりより》・義経を西国へ派遣し、平氏との戦いを進めた。その後義経は、都への帰還を目指して摂津《せっつ》国福原まで進み一の谷に陣を構えた平氏軍を、二月七日に背後の山からの奇襲攻撃によって打ち破り、通盛《みちもり》・忠《ただ》度《のり》・敦盛《あつもり》などの平氏一門、平氏家人《けにん》の筆頭である平盛俊《たいらのもりとし》を討ち死にさせ、重衡《しげひら》を生け捕りにしている。

義経の任官

八月六日、後白河《ごしらかわ》上皇は義経を検非違使《けびいし》・左衛門少尉《さえもんのしょうじょう》に任じることで、その軍功に報いた。だが、この任官は、家人《けにん》たちの恩賞《おんしょう》はすべて自らの意志によるものとする確固たる方針を持つ頼朝を激怒させ、頼朝と義経の確執《かくしつ》が生じる最大の理由となった。

頼朝の情報収集

頼朝は、広元の力をかりて義経の動向に関する情報を入手していた。元暦《げんりゃく》元年（一一八四）十月二十四日の広元の報告によれば、前月の九月十八日に義経は叙留《じょりゅう》という、左衛門尉・検非違使の地位に留まったまま五位に叙される優遇措置がとられ、十月十五日には院御所の昇殿を許され、「八葉車《はちようのくるま》に駕《が》し、扈従《こしょう》の衛府《えふ》三人、共侍《ともざむらい》二十人」を引き連れて、後白河上皇への拝賀《はいが》の儀を行なった。この九月十八日には、広元自身が因幡守《いなばのかみ》に任じられており、おそらく自身に関わる除目《じもく》関係の知らせを京から受けた際に、広元は義経の叙留を知ったのだろう。

源義経像（中尊寺蔵）

広元の情報の性格

この時の広元の報告に関し、「広元の感想も混っていようかと思う」という指摘もなされている（渡辺保『源義経』）。

義経を平家追討から解任

だが、広元が何らかの所見を交えた可能性は否定できないにせよ、広元は、入手した情報をおおむねありのままに頼朝に伝えていたと見て良いだろう。後白河上皇と義経の連携が強まることを恐れる頼朝にとって重要なことは、根拠のない讒言《ざんげん》よりも、むしろ実際の義経の動向に関する情報そのものであったと考えられるからである。義経に対する頼朝の態度が定まっていく上で、広元は重要な役割を演じていたのである。

後白河上皇へ接近しはじめた義経の動向に、頼朝は不快の念をかくさず、元暦元年の秋頃より、義経を平家追討の任から解き、範頼一人に頼ることとした。

義経の監視役大井実春

なお、検非違使となった義経が使庁へ初出仕した時のことを記す『大夫尉《たいふのじよう》義経《よしつね》畏《かしこまり》申記《もうすき》』元暦二年（一一八五。八月十四日に改元して文治元年）正月一日条には、武蔵《むさし》国御家人《ごけにん》である大井実春《さねはる》が、「因幡の目代《もくだい》」として垸飯《おうばん》を勤めたという記事が見えている。「因幡」は因幡守広元のことと考えられるから、この時の大井実春は、広元の代官として義経の動向の監視役を任され、情報発信者の一人として活動していたことになる。ただし、大井実春と広元の結びつきの由来は不明である。

平氏滅亡

思うように平氏討伐を進めることのできない源範頼の動きに業《ごう》を煮やす頼朝は、ふたたび義経の力に頼ることとなり、義経は、二月十八日（一説に十九日とも）の讃岐《さぬき》国屋島《やしま》の戦いで平氏軍を破り、三月二十四日、長門《ながと》国壇《だん》の浦《うら》で、平氏一門を壊滅させるという大殊勲をあげている。

壇の浦の失態

しかし、義経に対する頼朝の見る目が変わることはなかった。頼朝の厳命にもかかわらず、壇の浦の戦いにおいて、平氏が持ち去った三種の神器の一つである宝剣を失ってしまうという失態が、義経に対する頼朝の不信をさらに増大させた。

梶原景時の批判

元暦二年四月三日、広元は正五位下に昇叙された（『尊卑分脈《そんぴぶんみゃく》』）。二十一日、頼朝から合戦の監視役を命じられていた梶原景時《かじわらかげとき》が、軍事指揮系統に背く軽挙を重ねる義経の行動を批判する内容を記した書状を頼朝の許《もと》に送り届けたことにより、義経の立場はますます悪化していった。

義経は広元を頼る

兄頼朝の怒りを解くための弁明を行なうに際し義経が頼った人物は、他ならぬ広元であった。広元が自分の監視役であることを、義経は十分に認識していただろう。だが義経は、広元の立場が頼朝への取り次ぎ役となることに期待をかけて、五月七日、広元を通じて「異心」なき旨を誓約する起《き》請文《しょうもん》を頼朝に献じている。

義経の弁明

さらに義経は、五月十五日、一の谷合戦で生け捕りにした宗盛《むねもり》・清宗《きよむね》父子をともない、鎌倉に向かい、兄頼朝に対する直接の弁明を試みた。十六日に宗盛父子は鎌倉に入り、将軍御所西対《にしのたい》を居所とされるという丁重な扱いを受けたが、義経だけは鎌倉入りを許されなかった。

腰越状

頼朝との対面を拒まれた義経は、二十四日、鎌倉の西側の入り口にあたる相模国《さがみのくに》腰越《こしごえ》駅で弁明の書状をしたため、頼朝の目に入れるべく、取り次ぎ役の大江広元に送った。これが『吾妻鏡《あずまかがみ》』の他『平家物語』『義経記《ぎけいき》』のような文学作品にも見える、著名な腰越状である。書状は、平治《へいじ》の乱《らん》以後の流浪《るろう》の日々のこと、任官されることは源氏にとっての名誉であること、決して頼朝に背く野心など持っていないことなどを切々とつづった、頼朝の不信を解くための懸命な弁明を内容とするものであった。

広元の態度

だが広元は、義経の書状を開き見ながら、その処置については明確な答えを述べなかった。おそらく広元は、頼朝と相談の上で、はっきりとした態度をとらないことで義経を追い返すつもりであったのだろう。結果として義経は、失意のうちにそのまま京に戻っている。なお広元は、十六日の夜、頼朝の仰せを受けて宗盛父子に膳を進めたが、宗盛は口にせず、「ただ愁涙《しゅうるい》に溺《おぼ》るるのほか他無し」であったと『吾妻鏡』は記す。

頼朝と平宗盛の対面

六月七日、頼朝は、再び京に戻ることとなった宗盛と対面する意向を広元に示した。だが、二位という高位にある頼朝が、「朝敵」たる「無位の囚人《しゅうじん》」に対面するのは「軽《けい》骨《こつ》の誹《そし》りを招く」ことであると広元が諫《いさ》めたために、直接の対面は行なわれず、簾中《れんちゅう》にいる頼朝が宗盛に接するという形式がとられることとなった。

義経・宗盛に関するこれら一連の出来事は、広元が、頼朝と要人との交渉において極めて重要な役割を有していたことを示している。

二　守護・地頭問題

政所別当として活躍

前述の通り、文治元年（一一八五）四月二十七日に従二位に叙されて公卿《くぎょう》の仲間入りするにともない、頼朝は公卿の家政機関である政所《まんどころ》を公式に開設し、広元は、公文所別当《くもんじょべっとう》より政所別当に転じることとなった。なお、建保《けんぽ》元年（一二一三）五月二日の和田氏の乱に際し、幕府方の軍勢が「御所西南政所前」で義盛《よしもり》の軍勢と戦ったという記事が『吾妻鏡』に見えることより、政所は大倉《おおくら》御所西南の一角にあったことが知られる。政所別当となった広元は、幕府体制を基礎として平氏打倒後の新秩序を構築する頼朝の政治を支えて、活発な活動ぶりを見せる。

将軍へ訴訟を取り次ぐ

この年の広元は、紀伊《きい》国栗栖荘《くるすのしょう》に関する粉河寺《こかわでら》の訴えを頼朝使近藤七国平《くにひら》へ伝達しており（「御坊池文書」元暦二年六月九日大江広元書状案。平四二六三）、将軍への訴訟の取り次ぎという役目を担っていたことが知られる。また少し後の事例となるが、文治三年（一一八七）五月二十日に、鹿島神宮《かしまじんぐう》領への押領《おうりょう》行為停止の使節として二階堂行政《ゆきまさ》が現地に派遣された裁定は、広元の奉行《ぶぎょう》によってなされており、頼朝はこれに直接関与していない。「鎌倉幕府に持ち込まれる訴訟はすべて頼朝の裁定によって処理される」という大原則の下で、現実には広元の主導下にある政所が、幕府裁定のかなりの部分を担っていくのである。

鎮西統治に関与

政所別当としての広元の活動は、訴訟裁定のみに限られていたわけではない。文治元年五月八日には、新たに頼朝の支配地域に加わった鎮西《ちんぜい》の統治に関する協議に加わり、平家没官《もつかん》領の調査、御家人交名《きょうみょう》の注進、宇佐宮《うさぐう》領の領有などに関する事項を定めている。

勝長寿院造営の犯土奉行

さらに文治元年の広元の活動を見ると、彼が、鎌倉における重要な宗教儀礼においても多大な役割を果たしていたことが分かる。勝長寿院《しょうちょうじゅいん》（大御堂《おおみどう》あるいは南御堂とも）は、父義朝《よしとも》の菩提《ぼだい》を弔うために頼朝が鎌倉雪ノ下に建立《こんりゅう》した寺院であるが、広元は、元暦元年（一一八四）十一月二十六日に造営の犯土《ぼんど》奉行を勤めた。犯土とは、「土を掘ったり移動したりすること」を意味し、その実行にあたっては、陰陽道《おんみょうどう》の説に基づき、土中の神（土公《こう》）の祟《たた》りを避けるために適切な時期が慎重に選ばれた。犯土奉行としての広元の仕事に、そのような日時の選定が含まれていたことはいうまでもない。

造営実務の中核

翌元暦二年（文治元年）になってからの広元は、九月十日に勝長寿院供養に下向する導師の宿の手配に関する御家人賦課《ふか》、十月三日には供養導師へ与える布施《ふせ》進物の手配といった仕事を担当し、さらに十月二十一日には供養願文《がんもん》を頼朝御前で読みあげ、二十四日には堂供養に参列するなど、勝長寿院造営に関わる一連の行事の中心的実務に一貫して携わった。ちなみに二十四日の堂供養に参列した御家人の中で、いわゆる文士にあたる者は、広元および彼とともに頼朝右筆《ゆうひつ》を勤めた藤原邦通《くにみち》の二人しかいない。

頼朝の信心への気配り

神仏への信仰に傾倒し寺社を手厚く保護した頼朝への奉仕として、以後の広元はさまざまな神事・仏事に関与し、鶴岡八幡宮《つるがおかはちまんぐう》・三島《みしま》社・荏柄《えがら》社での祭礼の奉幣使《ほうべいし》をいくたびも勤めている。文治三年（一一八七）四月十四日に将軍政所の厨《くりや》に落雷があった際、経典が無事であったことを報告して頼朝を喜ばせたことなどは、頼朝の信仰の厚さを意識した広元の気配りの表われといえよう。

因幡守辞任

広元は、文治元年（一一八五）六月二十九日に因幡守を辞した。以後建久二年（一一九一）にいたるまで、広元の名は「因幡前司《いなばのぜんじ》」として諸史料に現われることとなる。広元の因幡守在任期間は一年にも満たぬ短いものであったが、朝廷官職へのこだわりを嫌う頼朝の性向を意識した辞任であると考えられよう。

前述の通り、広元の後任の因幡守には、十二月二十九日に源通具《みちとも》が補任され、通具の父通親《みちちか》が因幡国の国務を知行《ちぎよう》した。広元と通親の親交をめぐる話は、本書のこの後の叙述の中でもしばしば登場することとなる。

守護・地頭の勅許

文治元年、頼朝は在京する北条時政《ときまさ》を通じて、「朝敵」となった弟義経の追討を名目として各国に「惣追捕使《そうついぶし》」と「地頭《じとう》」を置き、地頭による兵粮米《ひようろうまい》徴収を行なうことを朝廷に要求し、これを認めさせた――これが、鎌倉幕府支配機構の確立過程における重要な画期となる、「文治の守護《しゆご》・地頭勅許《ちよつきよ》」の大まかな説明である。

広元の建議

そして、次に示す『吾妻鏡』文治元年十一月十二日条の記事より知られる「広元の守護・地頭設置の建議《けんぎ》」は、広元の事蹟として最もよく知られ、彼の高い政治手腕を如実に示すものと理解されてきたものといえるだろう。

因幡前司広元申して云《い》わく、「世すでに澆季《ぎようき》にして、梟悪《きようあく》の者もっとも秋《とき》を得るなり。天下に反逆の輩《やから》あるの条、さらに断絶すべからず。しかるに東海道の内にお

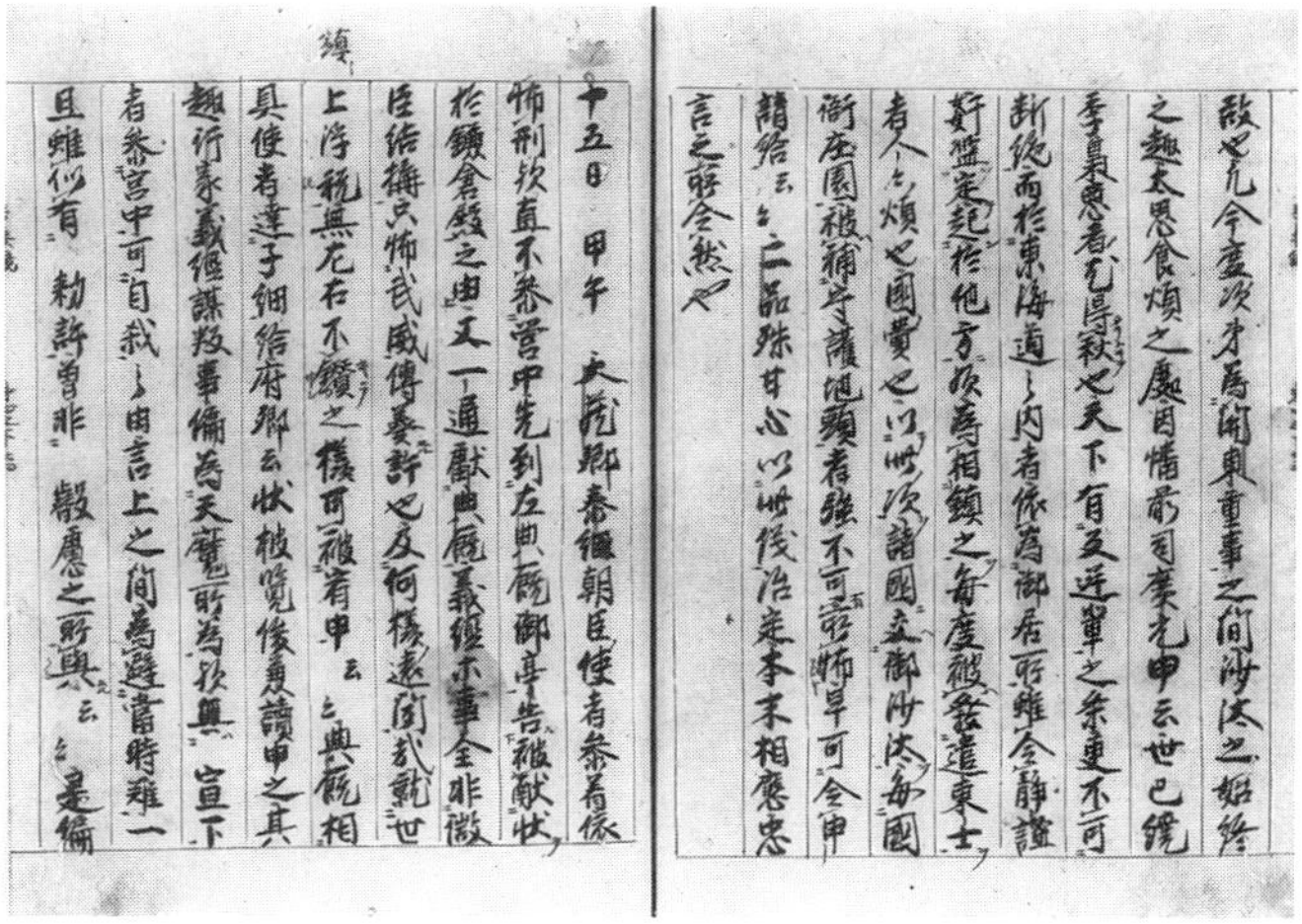

敵也、凡今度次才爲衛東重事之間、沙汰之始終
之趣、太思食煩之處、因幡前司廣元申云、世已澆
季、梟悪者尤得秋也、天下有反逆輩之条、更不可
断絶、而於東海道之内者、依爲御居所、雖令静謐、
奸濫定起於他方歟、爲相鎮之、毎度被發遣東士
者、人々煩也、國費也、以此次、諸國交御沙汰、毎國
衙庄園、被補守護地頭者、強不可有所怖、早可令申
請給云々、二品殊甘心、以此儀治定、本末相應、忠
言之所令然也、

十五日、甲午、大藏卿泰經朝臣使者参着、條々
怖刑欲直不参営中、先到左典廐御亭、告被献状
於鎌倉殿之由、又一通獻典廐、義經不事全非微
臣結構、只怖武威傳奏許也、及何様遠聞哉、就世
上浮説、無左右不被鎮之様、可被宥申云々、典廐相
具使者、達子細給、府卿云状、被覧後、真讀申之、其
趣、行家義經謀叛事、偏爲天魔之所爲歟、宣下
者、参宮中可自殺之由、言上之間、爲避當時難、一
旦雖似有 勅許、曽非 叡慮之所與云々、是偏

守護・地頭設置の建議
（北条本『吾妻鏡』文治元年11月12日条，国立公文書館蔵）

いては、御居所たるによって静謐《せいひつ》せしむといえども、奸濫《かんらん》定めて他方に起らんか。これを相鎮《しず》めんがために、毎度東士《とうし》を発遣せらるるは、人々の煩《わずら》いなり。国の費《つい》えなり。このついでをもって、諸国に御沙汰《ごさた》を交え、国衙《こくが》・庄園《しょうえん》ごとに守護・地頭を補せらるれば、あながちに怖るるところあるべからず。早く申し請わしめ給うべし」と云々。二品《にほん》（頼朝）殊《こと》に甘心《かんしん》し、この儀をもって治定す。

広元の建議の内容を説明すると、「世上は乱れ、兇悪《きょうあく》な者にとって絶好の機会となっている。天下に反逆者は絶えることがない。しかし、「東海道」（頼朝の支配する「東国」の意に相当）の地は頼朝の居所（幕府）があるから平穏であるが、秩序を乱す動きは、必ずや他の地域で起きることだろう。それを鎮圧しようとするたびに関東の武士を派遣することは、人々にとって、そして国にとっての負担である。この機会（義経追討の機会）をとらえて、全国に規模を及ぼして国衙・荘園ごとに「守護地頭」を任命すれば、なにも恐れることはなくなるだろう。早く朝廷に申請をなさるべきである」となる。

江戸時代の史書

すでに江戸時代の史書の中には、「大江広元の議を用いて」頼朝が守護・地頭を設置したことが強調され、それをもって広元の代表的功績とする叙述があらわれている。たとえば、水戸《みと》の『大日本史』や新井白石《あらいはくせき》の『読史余論《とくしよろん》』に見える、守護・地頭設置の際の広元と三善康信《みよしやすのぶ》（善信《ぜんしん》とも）の功績を高く評価する叙述である。ともに『吾妻鏡』の所伝をそのまま受け入れたものであるが、いずれの書も「守護・地頭設置」の功労者として広元と康信を併記していることには特に注目しておきたい。

近代歴史学の評価

近代歴史学においても、守護・地頭の設置を「広元の業績」とする理解は基本的に継承され、多くの通史叙述に反映するとともに、戦前の代表的法制史家である中田薫によって、広元の献策を「千古の妙計」とする評価（「鎌倉時代の地頭職は官職に非ず」）も生まれている。

最近の日本史教科書を概観すると、広元という一個人の事蹟のみに関連させて守護・地頭制の成立を説明するものは、さすがにほとんど見られなくなったが、参考書の中には、「守護・地頭の設置は広元の献策による」（山川出版社『日本史B用語集』「大江広元」の項）といった記述がなされ、あるいは日本史事典の中にも「守護・地頭の設置は広元の献策によるとされる」（小学館『日本歴史大事典』「大江広元」の項）といった記述があり、広元の名から守護・地頭制の成立を想起する感覚は、現在でも依然として根強いといえるだろう。

しかし、広元の建議により「守護・地頭制度」が「創出」されたという認識には、やや慎重な検討を要する。ここでは、鎌倉幕府の守護・地頭制に関して、①文治元年にはじめて生み出された制度といえるのか、②「広元の建議」はどこまで事実であるのか、という二つの問題を検討してみることとしたい。

地頭制創出の「幻想」

近年、川合康氏は、地頭制の成立の歴史的背景に、東国武士の「敵方占領地」に対する頼朝の権益追認行為があり、これが朝廷の没官刑制度と結びつきながら、複雑な政治史の展開と在地秩序の現実の中から地頭制が生まれたことを論証し、その帰結として、広元の献策による地頭制の創出という理解を「幻想」と断じた（『源平合戦の虚像を剥ぐ』）。

文治年間の「地頭制の創出」を否定する川合氏の見解は、誠に正当なものといえる。

文治の勅許は「創出」ではない

　地頭職《しき》生成の問題に関しては、すでに文治年間以前に、平氏による局地的な設置例や頼朝による東国での補任《ぶにん》例があることが確認されている。守護（当初は「惣追捕使」）の場合も、すでに平安末期に先行する職務（国衙《こくが》守護人）があったことが推測されている。また一方で、後に詳しく述べる文治二年の朝幕交渉の経過を見ても、「文治の守護・地頭勅許」が、永続的かつ安定的な幕府支配体制としての守護・地頭制にそのまま直結しないことは明らかである。したがって、文治元年の出来事は、確かに守護・地頭制度の「創出」と評価すべきものではないのである。

在地支配の諸権益

　文治元年の守護・地頭問題をめぐる朝幕交渉の内実は、次のように考えておきたい。文治元年以前に西国で展開した幕府による平氏追討の戦いの中で、急速に形成されていった東国武士の荘公在地支配職権には、地頭職以外にも沙汰人職・下司《げす》職などの多様な名称が存在していた。

地頭職に統一

それら諸権益を「地頭職」の名に統一して全国一律の一般的職務に位置づけ、任免権を頼朝が掌握することが幕府より朝廷に提言され、承認を得ることとなった。このこと自体、幕府支配体制の確立に向けて重要な意味をもったことはいうまでもない。決して過大評価すべきものではないが、鎌倉幕府成立過程の大局的流れの中での文治元年の画期性は、それ相応に認めるべきであろう。

『吾妻鏡』の曲筆

では、「広元の建議」についてはどのように考えたら良いのであろうか。石母田《いしもだ》正《しょう》は、文治二年の『吾妻鏡』の記事と『玉葉《ぎょくよう》』などの一級史料の記事との詳細な比較検討の結果、一連の広元上洛《じょうらく》関係史料が、すべて守護・地頭の問題に関連づけて叙述されているという曲筆《きょくひつ》を発見し（詳しくは後述）、広元を守護・地頭設置の最大の功労者として顕彰する「広元伝説」の存在と『吾妻鏡』の記述へのその影響という重要な指摘をしている（「文治二年の守護地頭停止について」）。子孫に伝えられた父祖広元の「伝説」の内容に、「守護・地頭制の建議」という「偉業」が含まれており、『吾妻鏡』に反映されたことはまず間違いないだろう。

だが、石母田も認めているように、守護・地頭制をめぐる広元の政策的関与そのものを完全に否定する必要はないと思われる。問題とすべきは、頼朝への献策があたかも広元一人の手によるものとする認識であろう。頼朝が朝廷に対して「守護・地頭」設置の申請をした時の『吾妻鏡』の記述それ自体を見ると、広元の他に三善康信・藤原俊兼《としかね》・藤原邦通といった幕府文官層が「沙汰」に加わったことが記されており（文治元年十一月六日条）、決して広元一個人の業績とされているわけではない。前述したように、『大日本史』や『読史余論』のごとき近世の史書も、広元の名とともに康信の名をあげていた。

政策形成を担う文官官僚

頼朝の政策形成過程に、制度と職権の問題に熟知していたであろう広元たち文官官僚の経験と知識が活かされたことは、当然想定されて良いだろう。そして、政所別当である広元は、そのような文官官僚の中心的位置にいたと考えられる。事実、守護・地頭制問題をめぐる働きによって、翌年広元が頼朝より恩賞を与えられていることから見ても、広元の役割の大きさが判断されよう。

『吾妻鏡』の原資料

広元の「建議」の内容が『吾妻鏡』に見えることも、特に「創作」と見る必要はなく、『吾妻鏡』の原資料の問題から説明可能であろう。広元が没した七年後の貞永元（一二三二）年十二月五日に、三代執権《しっけん》北条泰時《やすとき》が大江広元の所有する文書を集め目録を作成した上で長井泰秀《やすひで》（広元の嫡孫《ちゃくそん》）に送っており、泰秀と親交のあった北条氏の庶流金沢《かねざわ》氏が、長井氏に伝来した広元所有文書を『吾妻鏡』編纂の材料としたと考えられ、広元の「建議」の内容が具体的原資料によったものである可能性は高い。

時に『吾妻鏡』の創作した「広元伝説」として疑いの眼が向けられがちな、文治元年の「守護・地頭勅許」における広元の役割は、相応に高く評価されねばならないだろう。

義経追討宣旨

義経の強要により後白河上皇が頼朝追討宣旨を発するという事態の急変の中、文治元年（一一八五）十一月に大軍を率いた北条時政が頼朝の代官として上洛すると、あわてた後白河は義経追討宣旨を発する。そして十一月二十八日に時政は、広元の「建議」に基づき、諸国平均に守護・地頭を設置し兵粮米段別五升を徴収することを朝廷に申請し、翌日に勅許されている。

頼朝・兼実の協調体制

十二月六日には、広元・藤原邦通・三善康信・藤原俊兼らとの協議をふまえ、頼朝は後白河上皇に対し、上皇の政治を補佐する議奏《ぎそう》公卿十名の任命や議奏公卿の一人である九条兼実《くじょうかねざね》の内覧《ないらん》任命など、朝廷人事に深く介入した要請を行なう。後白河上皇が頼朝の要求をほとんど受け入れたことにより、親幕派公卿の代表である九条兼実の影響力は極めて大きなものとなった。すでに前年に模索が始まっていた、広元を通じての頼朝と兼実の協調体制作りが実を結んだのである。

第四　朝幕交渉における活躍

一　文治二年の上洛

肥後国山本荘を給わる

文治《ぶんじ》二年（一一八六）二月七日、広元による「義経《よしつね》・行家《ゆきいえ》謀逆の間計らい申す事等」が「始終符合」することに大いに感心した頼朝《よりとも》は、恩賞《おんしょう》として肥後《ひご》国山本荘を広元に与えている。山本荘は、本家職《ほんけしき》を八条院が領有していた荘園《しょうえん》である。この恩賞給与は、単に守護《しゅご》・地頭《じとう》制設置の献策のみならず、義経対策全般への広元の関与に対する恩賞であるといえよう。ちなみに『吾妻鏡《あずまかがみ》』は、この時広元に与えられた所職名を明記していないが、元応《げんおう》二年（一三二〇）九月二十二日前権僧正運雅《さきのごんのそうじょううんが》譲状《ゆずりじょう》（醍醐寺《だいごじ》旧蔵の文書であったと推測される）を根拠とする工藤敬一氏の考察によって、「地頭職」であったことが確かめられている（「肥後国山本荘における大江広元の権限」）。山本荘の地頭職は、平家方についた菊《きく》池《ち》氏の所領であったと思われる。

このように、文官官僚としての功績を頼朝から高く賞された広元であったが、朝幕交渉の展開によって、文治二年という年は、彼にとって前年以上に激務を強いられる年となった。

頼朝使として初上洛

『吾妻鏡』には、広元が六月二十一日に、守護・地頭となった武士の押領《おうりょう》停止と平家没官領《もっかんりょう》を除く地頭職の一般的停止の奏請という重要な課題を担い、頼朝の使者として初めての上洛《じょうらく》をすべく鎌倉を発《た》ったと記されている。上洛した広元は、七月十二日に、朝幕交渉のパイプ役をつとめていた権中納言《ごんちゅうなごん》吉田経房《ふねふさ》の邸に向かっている（『玉葉《ぎょくよう》』）。

出立日時の疑義

石母田正《いしもだしょう》は前掲論文の中で、『吾妻鏡』の「六月二十一日」という日付は、後白河《ごしらかわ》上皇の使者大江公朝《おおえのきんとも》が鎌倉を離れた日付としては正しいものであるが、広元の鎌倉出立《しゅったつ》の日付としては疑わしいことを指摘している。石母田の疑念の根拠には、広元の行程の時間的不自然さ（これについては後に再びふれる）とともに、厳格な『吾妻鏡』本文批判によって導かれた「六月の段階で、没官領を除く地頭職の一般的停止を頼朝が奏請した事実はない」という見解がある。すなわち石母田によれば、広元の上洛記事もまた、あえて守護・地頭問題に関連づけることで、守護・地頭設置に関する「功績」をすべて広元に帰する『吾妻鏡』の曲筆《きょくひつ》の一例とされるのである。

公武交渉における役割

文治元年の「守護・地頭勅許《ちょっきょ》」に関わる広元の功績の大きさについてはすでに述べたが、文治二年における守護・地頭問題に関する公武交渉での広元の役割はいかに評価すべきであろうか。以下、石母田の問題提起をふまえ、検討を加えることとしたい。

広元提示の「条々の事」

確かに、七月十二日に経房邸を訪れた広元が示した「条々の事」の中の主要な問題は、守護・地頭に関する事柄ではなく、摂関家《せっかんけ》領の相続をめぐる後白河上皇・近衛基通《このえもとみち》と九《く》条《じょう》兼実《かねざね》の政治対立の解決に関わるものであった。

摂関家領の相続

少し詳細に事態の背景を見よう。前年末に内覧《ないらん》となった兼実が、この年の三月に、さらなる頼朝の後押しで摂政《せっしょう》・藤原氏長者《ちょうじゃ》となると、頼朝は、前摂政の近衛基通（兼実の兄基実《もとざね》の子）が領有していた摂関家領を兼実に与えることを主張しはじめた。この頼朝の考えに対し基通は当然のことながら反発し、後白河上皇に訴えたため、上皇はただちに在京中の北条時政《ときまさ》を通じて、基通に摂関家領を手放す意図はないことを頼朝に告げた。こうして、摂関家領の相続にからむ朝廷権力内部の深刻な利害対立が公武間の交渉課題となり、その解決は守護・地頭問題同様に重要な案件となったのである。

頼朝の妥協案

四月になって頼朝は、いくつかの所領ブロックから構成される摂関家領の中から、「京極《きょうごく》殿領」を兼実に、「高陽院《かやのいん》領」などを基通に与えるという、一種の妥協案を提示したが、上皇はこれを拒絶する。基通が源義経・源行家に命じて兼実に夜襲をかけるという風聞が流れるほどに事態は緊張する一方で、一向に解決の糸口も見つからぬまま、京・鎌倉間での交渉は続いた。先に述べた院使大江公朝は、この交渉に関わって鎌倉に下向した人物である。六月二十一日に鎌倉を発った院使大江公朝は、七月三日頃に京に戻り、頼朝の申状を上皇に奏上しているが、頼朝の提案が基本的に以前と変わっていないことを知って上皇は激怒している（『玉葉』）。

後白河上皇の激怒

入京の日時

さて広元の動向であるが、院使大江公朝同様に六月二十一日に鎌倉を発ったと『吾妻鏡』が記していることは前述した。ところで、『玉葉』七月十二日条に「この日、前因幡守《さきのいなばのかみ》広元、頼朝卿の使として上洛し、経房卿の亭に向かい条々の事を示す」と見える。すなわち広元は、公朝よりも十日近く遅れて京に入ったことになる。これが、石母田正の指摘する広元の行程に関する時間的不自然さの根拠である。確かに一応筋の通った説明だが、もちろん広元の上洛が、思わぬ事情で日数を要するようになったと考えることも可能である。実際、翌文治三年の上洛では、広元は六月二十一日に鎌倉を出発し、七月十三日に京都に着いている。したがって、『吾妻鏡』の編者が広元の鎌倉出立の日付を意図的に書き換えたとする石母田の見解の根拠は、実は確固としたものではないのである。

むしろ日数の遅延よりも、同一の交渉課題を帯びた上皇の使者と頼朝の使者が、同時に鎌倉を発ったことの不自然さの方が気になる。あるいは『吾妻鏡』の編纂者は広元の鎌倉出発日を伝える史料を持っていなかったのかもしれず、またかりに公朝と同日の出発であるならば、広元は公朝と距離を置いて、どこかで時間をかせいでいたのかもしれない。

上京の経緯

『玉葉』は、利害当事者である兼実の日記であるだけに、この時上洛した広元の動向を詳しく記している。七月十四日条には、「上皇の使者である公朝が鎌倉で、上皇に対する兼実の暴虐な振る舞いについて語ったために、事実を調べるために頼朝は自分を上洛させたのだ」という広元の経過説明が、兼実家司《けいし》藤原光長《みつなが》の報告の形で記されている。

摂関家領相続問題の解決

同じく十五日条には、頼朝の提案に上皇が「逆鱗《げきりん》」したこと、さらに十七日条には、その上皇が広元を召し、「家領の間の事逆鱗の儀、たちまちに変じ、ただ平《ひら》に乞い請わしめ給う」「朕今生《ちんこんじょう》思い置く事、ただこの一事なり」（陽明文庫本による）と、一転して低姿勢で要求を述べる様が見えている。結局、この摂関家領相続問題は、頼朝が上皇の要求を呑んだ形で決着し、基通の領有していた所領は、以後「近衛家領」として伝領されていくこととなる。

上皇・摂関以下朝廷の要人たちを向こうに回した交渉は、いかに関東の覇者頼朝の武《ぶ》威《い》を後ろ盾にしているとはいえ、広元にとって困難なものだったはずである。それだけに、頼朝使としての最初の上洛におけるこの交渉経験は、政治家広元の成長の大きな糧《かて》となったのではないだろうか。

以上の広元の動向を見れば、上洛に際し彼が頼朝より託された喫緊《きつきん》の課題の一つに、摂関家領相続問題をめぐる上皇・摂関家の軋轢《あつれき》の調停があったことは間違いない。だが、少なくとも結果的には、上洛した広元が担った重要課題は摂関家領をめぐる政治対立の解消だけに限られたわけではなかった。

武士の押領行為

頼朝の代官として在京した時政は、守護・地頭制にことよせて頻発する武士の押領行為を抑えず、頼朝の意向に背いたため、文治二年二月に頼朝の在京代官の地位を一条能《よし》保《やす》（頼朝の義弟にあたる公卿《くぎょう》）に交替させられている。

頼朝の朝廷融和策

朝廷との融和を最優先課題とし、守護・地頭問題で朝廷に対して妥協的なスタンスをとる頼朝は、文治二年三月に北条時政の有する「七ヶ国地頭職」を停止する。さらに頼朝は、地頭の非法行為を訴える荘園領主・国司の要求をほぼ完全に受け入れ、十月には地頭に非法行為の停止を命じる下文《くだしぶみ》を一挙に二五二枚も発給するなど、既得権益を後退させる態度を見せるようになる。だが現実には、地頭の職権行使の形で展開する武士の西国荘園押領は容易におさまらず、頼朝の方針を逸脱して在地支配権の拡大を目指す武士の暴走に止めることが、頼朝にとって焦眉《しょうび》の課題となっていたのである。在京していた時政によって事態の沈静化がはかられないことをさとった頼朝は、この課題をめぐっても、広元の能力に大いに期待をかけたのである。

阿氏河荘押領停止を伝達

文治二年二月二十四日の広元書状（「又続宝簡集《ゆうぞくほうかんしゅう》」七十八、『鎌倉遺文』五四号。以下、鎌五四のように表記する。案文《あんもん》であるが、頼朝の袖判《そではん》があったことが分かる）で、上皇と頼朝の命に背いてなされた下司《げす》三宝房《さんぼうぼう》長安《ちょうあん》・助光《すけみつ》なる人物（寺僧でもある在地土豪）の紀伊《きい》国阿氏河荘《あてがわのしょう》に対する押領行為の停止を、在京中の北条時政に命じているように、広元は、荘園をめぐる紛争解決に関する頼朝の命令伝達行為に関与している。前年に、全国規模で「守護・地頭」が設置されたことが、武士の関わる荘園在地での紛争を急増させ、その解決のための朝幕交渉にも広元が尽力したことは明らかである。

平家没官地の目録作成

広元は、七月十九日に、一条能保・中原親能《ちかよし》・北条時政・土肥実平《どひさねひら》ら八人に配分された京中の平家没官地（一部に、源義経の沙汰《さた》とされた平家支族の平信兼《たいらののぶかね》の所領・義経家人《けにん》の斎藤友実《ともざね》の所領を含む）の目録を作成して頼朝の許《もと》に送り、二十二日には、鎌倉殿《かまくらどの》御使の一人である近藤七国平《くにひら》に対して、神護寺《じんごじ》所領への武士押領に関する指示を行なっている。

広元の任務

広元は、七月二十九日に京を離れ（『玉葉』七月三十日条）、閏《うるう》七月十九日に鎌倉に戻っている。次に示す『吾妻鏡』閏七月十九日条の記事は、鎌倉を発った時点の広元に負わされた主な課題が、かりに守護・地頭問題に限られなかったにせよ、在京時の広元に解決が委ねられた主要問題の中に、守護・地頭の地位に事を寄せた武士の押領行為の解決という案件が結果的に含まれるようになったことを示している。

> 因幡前司広元関東に帰参す。去ぬるころ上洛する所なり。諸国守護・地頭の条々の事、委細《いさい》下問に預かり、所存を言上《ごんじょう》しおわんぬ。また播磨《はりま》・備前《びぜん》の両国の武士の妨げ、注文をこれ給わり、糾明《きゅうめい》すべきの由仰《おお》せを蒙《こうむ》る。これ広元は二品《にほん》御腹心専《せん》一《いつ》の者たるの由、去月十四日、公家《こうけ》の御沙汰に及ぶ。面目の至るところなりと云々。

腹心専一の者

この記事によれば、上皇から相談を受け、特に播磨・備前両国における武士の荘園公《こう》領《りょう》押領問題を糾明《きゅうめい》するよう仰せを受けた広元は、「二品御腹心専一の者」すなわち頼朝の腹心としてもっとも重要な立場にあることを朝廷より認知された。守護・地頭制度にことよせた武士の押領行為停止や摂関家領相続に関する紛争解決をめぐって、上皇や摂関家の利益にかなうべく、実際にみせた広元の問題解決能力が、京都方の人々の高い信頼を勝ち取ったのである。

『吾妻鏡』編纂者の意図

上洛した大江広元の活動が功を奏して、文治二年十月には、謀叛人跡以外の地頭職停止を命じる太政官符《だじょうかんぷ》が発せられるという形で、いわゆる「文治元年の守護・地頭問題」は、一つの決着に導かれる。

文治二年の広元上洛に関する『吾妻鏡』の記事の多くが守護・地頭問題に関連づけられているのは、『吾妻鏡』が編纂された時点での幕府関係者の関心の中心が守護・地頭問題にあったことを反映したものであり、摂関家相続問題は関心外ないしは理解不十分な事柄だったのであろう。公武交渉での活躍によって、広元は、いわば守護・地頭制度を安定化させる上でも、大きな役割を果したといえるだろう。

六条若宮八幡宮

なお、文治二年における広元の活動として、以上の他に六条若宮八幡宮に関わるものが指摘できる。六条若宮八幡宮は、源義家《よしいえ》が天喜《てんぎ》元年（一〇五三）に八幡神を平安京内に勧請《かんじょう》したことに由来するとされるもので、平安末期には、六条堀川にあった源為義《ためよし》の邸内にあったと考えられている。そして、近年学界に紹介された国立歴史民俗博物館所蔵『田中穰氏旧蔵典籍古文書』に収められた「六条八幡宮造営注文」の記述から、文治二年四月に、頼朝の命により、「御敷地四丁」を広げた上で、有力御家人による造営がなされたことが知られたのである。

広元の造営関与

六条若宮八幡宮の敷地の拡張に関する史料として、それまで『吾妻鏡』文治三年（一一八七）正月十五日条の「左女牛《さめうし》の御地を、六条若宮に寄せ奉《たてまつ》らしめ給う」という記事が指摘されていたが、この記事は、文治二年次の記事の錯簡《さっかん》ということになる。ちなみにこの時の造営では、広元は「三間一面公文所《くもんじょ》・垂布・舗設《ほせつ》等」を担当している。これは一御家人としての広元個人の負担によるものであり、広元は、頼朝政所《まんどころ》の直轄《ちょっかつ》の沙汰となった「御殿・拝殿・小神」の造営にも関与したのだろう（以上、『大日本史料』永和元年八月六日条参照）。

若宮別当は広元の一族

広元と六条若宮八幡宮の関係をめぐる重要な事実としては、造営の前年の文治元年十二月三十日に、広元の弟の季厳阿闍梨《きげんあじゃり》が六条若宮八幡宮の別当《べっとう》に補任《ぶにん》されたことがあげられる（「醍醐寺文書」、鎌三二。『吾妻鏡』同日条および『尊卑分脈《そんぴぶんみゃく》』が「秀厳」と記すのは誤り）。以後六条若宮の別当は、三代まで広元の一族によって占められることとなる。頼朝は、源氏ゆかりの神社の再建にあたり、広元の実務を補佐するため、彼の近親の僧侶を登用することとしたのだろう。

二　幕府文書発給実務と文治三年の上洛

上洛した大江広元の活動が功を奏して、文治二年（一一八六）十月には謀叛人跡以外の地頭職が停止され、いわゆる「文治元年の守護・地頭問題」が一つの決着に導かれたことで朝廷側が広元の働きに大いに満足の意を示したことは、先に述べた通りである。

広元筆跡の権威化

広元の実績は、当然ながら彼に対する頼朝の信頼度をも高め、広元は幕府内での地位をさらに上昇させた。『吾妻鏡』によれば、十月一日、頼朝の発給文書には、広元と平《たいらの》盛時《もりとき》の右筆書《ゆうひつがき》でない場合にのみ頼朝花押《かおう》が記されることが朝廷に伝えられた。盛時とともに広元の筆跡に、特別の権威が認められたのである。

また二年後の『吾妻鏡』文治四年（一一八八）五月十七日条には、「御忩劇《ごそうげき》」（緊急の状況）の際の御教書《みぎょうしょ》（頼朝の意を受けた奉書《ほうしょ》）には頼朝の花押が不要で、「掃部頭《かもんのかみ》」（広元）の花押のみでよく、それが不都合の場合には平盛時の花押を用いるように頼朝が定めたという。広元と盛時の間に筆跡の権威の差がつけられたことを示しているが、この時点で広元は「掃部頭」にはなっておらず（任官は十一年後の正治《しょうじ》元年のこと）、厳密にいえばやや不審な記事である。後世に成立した史料の文言が引用されたものであろうか。

頼朝発給文書と広元

ここで、頼朝文書の発給と広元の関係について概観してみたい。源頼朝は、御家人の所領安堵《あんど》や恩賞給付といった重要な事柄について、花押を記した下文を発給して自分の意志を伝えた。下文は、冒頭に「下す」、文末に「もって下す」あるいは「ことさらに下す」という文言を持つ、上位者から下位者へ直接に意志を伝える際に用いられる文書様式である。ただし下文の本文は、頼朝の自筆ではなく、広元たち右筆の手で書かれ、頼朝下文には広元自身の名が見えることはない。

広元の奉じた文書

下文の他に、頼朝は自分の意志を伝えるための文書として奉書（側近の者が主人の仰せを奉じて発給する文書）も用いた。奉書は、広義には書状の一種であり、本来は私的な要素が強い文書であったが、中世には公的文書様式としても頻繁に用いられた。頼朝のような公卿の地位にある人物の奉書は、特に御教書とよばれる（鎌倉殿《かまくらどの》の発給した御教書は、「関東御教書」と称される）。広元は、しばしば頼朝の御教書の奉者を勤めており、広元の名（あるいは官途《かんと》）と花押は、日下《にっか》（年月日の下の部分）に記されることとなる。

広元直筆の御教書

広元が奉じた頼朝御教書の実例を示そう（一部の仮名を漢字に改め、漢字の部分を書き下した）。

（源頼朝）
（花押）

奉加勧進《かんじん》しつへからん聖《ひじり》のま心ならむ一人、忩《いそ》ぎ沙汰し進《まい》らしめ給うべきなり。奉加のものとも沙汰して、進らしめ給わんがために候なり。兼ねてまた、酒匂《さかわ》太郎ニハ、田のなにとかやとり候《そうろう》なるをは、くだんの免田の分をハ、一切取るべからざるの由、昨日仰せ含められ候いおわんぬ。この旨を存ぜしめ給うべきの状、くだんのごとし

二月十五日　　　　広元　奉《うけたま》わる

文養御房

この文書（「関戸守彦氏所蔵文書」、鎌一〇二六。口絵参照）は、伊豆山《いずさん》神社（走湯山《そうとうさん》）の僧侶で、伊豆での頼朝挙兵に戦勝祈願を行ない、北条政子《まさこ》をかくまったことでも知られる文養房《もんようぼう》（文陽房覚淵《かくえん》）に対して、勧進の聖（寺院・仏像・道・橋などの造営修理のための寄付を求める僧）一人の手配の件などを伝えた頼朝の御教書である。文書の年紀ははっきりしないが、全文が広元の筆で書かれており、広元が頼朝の意を奉じたことを示す「広元奉わる」という文言が、日付の下に見える。また、文書の右側の余白（「袖《そで》」とよばれる）には、頼朝の花押が押され、文書内容が間違いなく頼朝の意志を伝えたものであることを表わしている。ただし、広元が覚淵に宛てた形式で書かれたために、書状中の文言では広元の覚淵に対

する敬語表現が用いられている。

政所下文への署判

後の建久年間に、頼朝の公式の発給文書が御判下文《ごはんくだしぶみ》（頼朝の花押が記された下文）から政所下文に切り替えられると、広元の署判は、他の政所職員とともに下文に並ぶこととなるのだが、そのような政所下文と性格を異にする「政所下文」に広元が関わっていた事例を紹介しよう。

政所下す　常陸《ひたち》国奥郡

早く鹿嶋《かしま》毎月御上日《じょうじつ》料籾《もみ》佰二拾石を下行《げぎょう》せしむべき事

多賀郡　十二石五斗

（六郡の名と籾の数量省略）

右、くだんの籾、毎年懈怠《けたい》なく下行すべきの状、くだんのごとし

文治三年十月廿九日

中　原

藤　原

大中臣《おおなかとみ》

主計允《かずえのじょう》

前因幡守中原

異質な様式の政所下文

これは、『吾妻鏡』文治三年（一一八七）十月二十九日条に収められた、鹿嶋社への毎月御上日料籾の下行を常陸国の奥郡に命じたもの文書である。書き出しに「政所下す」とあること、および中原光家《みついえ》・藤原邦通・大中臣秋家・二階堂行政《ゆきまさ》（主計允）・広元（前因幡守中原）といった政所職員の名が連ねられていることより、文書名としては「政所下文」と呼ばざるをえない文書である（『鎌倉遺文』は「源頼朝家政所下文」と名づけて二九〇号文書として収める）。だがこの文書の文言上には「頼朝の意志による」ことが明記されておらず、建久年間以降の頼朝政所下文とは様式を異にする。その点にこだわって、この文書の信憑性を疑うむきもあるが、頼朝の意志を背景とした政所職員の手になる文書と見て何ら問題はないであろう。たまたま『吾妻鏡』のような編纂物に実例が見えたために特異なものとうつるだけで、実際には、このような政所文書が広元の指揮下に多数作成発給されていたものと推測される。この他、時代が下ると、広元は下文と御教書の中間の様式を持つ下知状《げちじょう》という文書の発給にも関わりを持つことになるのだが、それについては後にふれることとしよう。

周防国大島荘地頭職を給わる

右筆としての権威を大いに高めた広元は、それにふさわしい待遇として、文治二年十

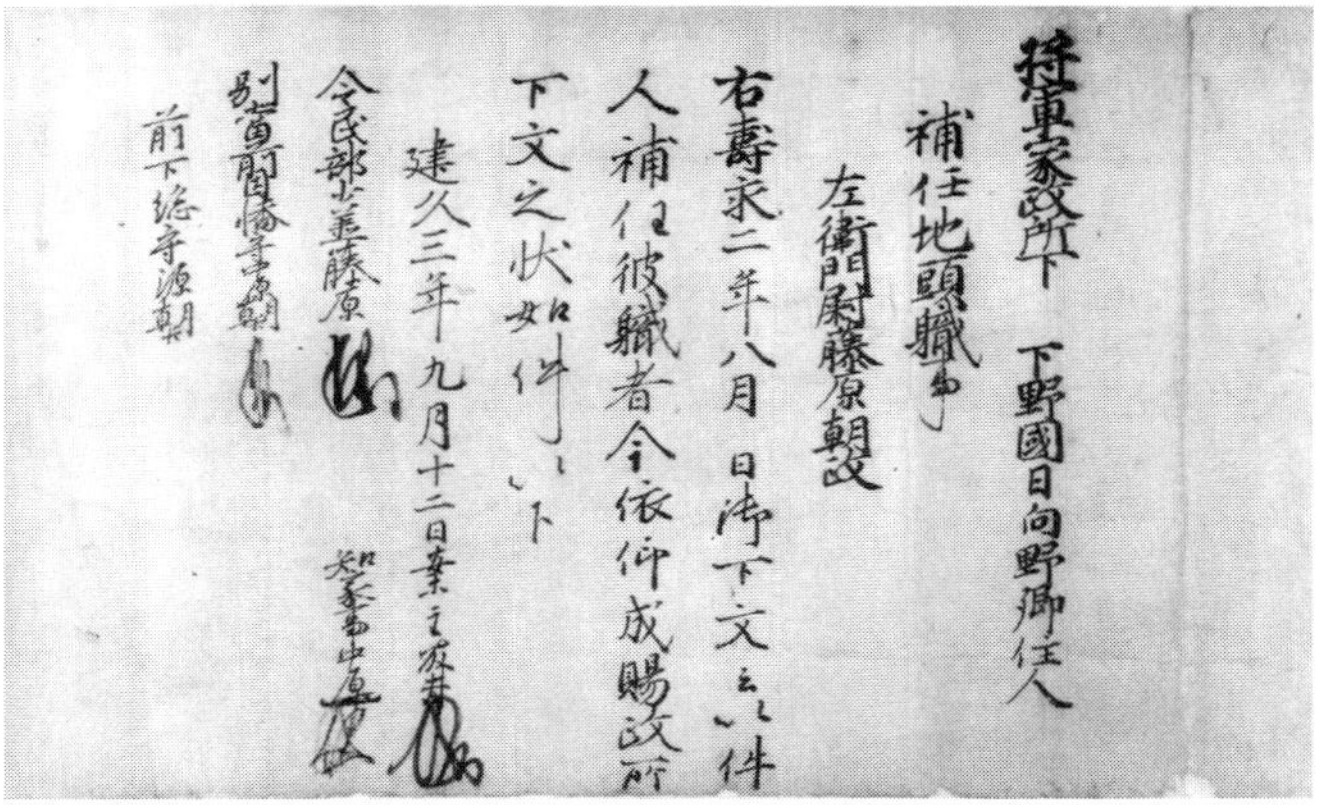
将軍家政所下　下野國日向野郷住人
補任地頭職事
左衛門尉藤原朝政
右、壽永二年八月　日御下文云、件人補任彼職者、今依仰成賜政所下文之状、如件、以下
建久三年九月十二日　案主藤井（花押）
知家事中原（花押）
令民部少丞藤原（花押）
別当前因幡守中原朝臣（花押）
前下総守源朝臣

源頼朝政所下文

月八日に平家没官領周防《すおう》国大島の地頭職を与えられる（「正閏《せいじゅん》史料外編一」建久三年六月三日前右大将《さきのうだいしょう》源頼朝家政所下文、鎌五九四）。「大島」は、屋代《やしろ》荘・嶋末《しまずえ》荘・安下《あげ》荘の三ヵ所の荘園を含む領域に相当し、この三荘は「大島三箇荘」とも表記される。

なお、このうち九条家に伝領された屋代荘に関しては、建久《けんきゅう》二年（一一九一）三月二十二日の日付を持つ、「地頭中原」が安部公《きみ》真《ざね》を惣公文職《そうくもんしき》に補任する文書の案文が、「正閏史料外編一」に収められている（鎌五二四）。むろん「地頭中原」は広元に相当することとなり、また案文ながら、文書の袖に花押が記されていたことが分かる。これは頼朝の花押ということなのかもしれないが、様式は異例であり、文書中の文言もやや不自然である。したがって偽文書の可能性が高いが、参考までに記しておく。

その他の所領

また、『吾妻鏡』文治三年四月二十九日条にみえる文治三年三月三十日付（実際には文治五年のこと。年次のずれは書写の誤りと『吾妻鏡』編纂時の切り貼りのミスによるもの）伊勢《いせ》国公卿勅使駅家雑事《うまやぞうじ》（天皇が伊勢神宮に遣わす公卿の通行・宿泊の費用）勤否《ごんぴ》注進状には、栗真《くりま》荘・窪田《くぼた》荘・遍法寺《へんぽうじ》領・慈悲山《じひさん》領・小倭田《おやまと》荘・永富名《ながとみみょう》・得永《とくなが》名・福延別名《ふくのべのべつみょう》・石丸《いしまる》名といった九ヵ所の所領が、広元の所領として見えている。伊勢国の所領であるということを考慮すれば、その多くは平家没官領あるいは義経没官領であると判断してよいだろう。このうち、小倭田荘は頼朝を本家とする荘園すなわち関東御領《かんとうごりょう》であり、広元が有した所職は預所《あずかりどころ》であった。広元は、もはや一文官官僚にはとどまらず、多くの所領を有する有力御家人となりつつあったのである。

二度目の上洛

文治三年六月二十一日、広元は、頼朝の使者として二回目の上洛を行なった。上洛の目的は、幕府が全面的に援助して進められることとなった閑院内裏《かんいんだいり》造営の沙汰であり、広元は、七月十三日に京都に入っている（『玉葉』七月十四日条）。

内裏造営を任務

この頃の畿内近国地域には、群盗鎮圧という軍事検断に関わる問題が生じていたが、頼朝は、この問題の対応を全面的に「武士」北条時定《ときさだ》に委ねている。吉田経房に宛てた文治三年八月十九日頼朝書状（『吾妻鏡』同日条所引）には、在京中の中原親能・広元に対する「元より武器（武の才を持った者）にあらず」という表現が見られる。武士狼藉《ろうぜき》停止の課題を担った前年の上洛とは異なり、この年の上洛では、内裏造営という「文士」にふさわしい課題に、広元は専念することとなった。

後白河上皇の勧賞

内裏造営はほぼ順調に進み、十月の頼朝への報告の中で広元は、十一月の上旬には天皇遷幸《せんこう》が可能であると述べている。あわせて広元は、後白河より勧賞《かんじょう》（功績に対する恩賞付与）の仰せがあるだろうと伝えているが、十月二十五日の広元宛御教書の中で頼朝は、勧賞は辞退した上で、内裏造営の他に斎宮群行《さいぐうぐんこう》（伊勢神宮の斎宮が伊勢に向かう儀式）の費用納入の功を加えることによって相模《さがみ》・武蔵《むさし》・駿河《するが》・伊豆・信濃《しなの》・越後《えちご》の六ヵ国の重任《ちょうにん》を求めるよう、あらためて指示している。御家人の任官を成功《じょうごう》（朝廷の行事や造営を請け負うことによる叙位任官）によって統制しようとする頼朝の官職関係政策が反映した指示だが、結局後白河は頼朝の要求の一部のみを認め、「閑院修造賞」として武蔵の重任を、さらに「斎宮群行用途料」として相模の重任を認めたのみだった（『玉葉』十一月十三日条）。官職問題をめぐる頼朝と後白河の思惑の違いの中で、広元は面倒な交渉を強いられること

後白河との面倒な交渉

となったが、後に官職をめぐる公武間の軋轢《あつれき》の当事者に自らがなることを、はたしてこの時点の広元は想像できたであろうか。

ところで、この年の十一月に、広元は蔵人所出納《くろうどどころすいとう》（天皇の家政の財物出納を担当する職）を勤める久近《ひさちか》という人物の暴言行為を朝廷に訴え、その罷免《ひめん》を求めるという出来事が起きた。兼実がこの広元の訴えを後白河上皇に取り次いだ結果、結局久近は蔵人所出納の職を追われることとなる。事件の詳細は不明だが、この一件をめぐって兼実は広元に対してかなり不快な感情を抱いたらしく、『玉葉』十一月二十二日条に、「極めてもって不便といえども、近代の事、力及ばざる次第か」と心中を吐露《とろ》した記述を遺している。この兼実の感慨は、かつての太政官機構の下級官吏から一変し、頼朝より全権を委任されて公家政権の要人とわたりあう広元の姿に対する当惑を反映したものといえるだろう。

蔵人所出納久近を罷免

兼実の不快感

第五　建久年間の広元

一　奥州合戦と建久元年の頼朝上洛

源義経の動向

文治《ぶんじ》二年（一一八六）における摂関家《せっかんけ》領分割問題と守護《しゅご》・地頭《じとう》問題をめぐる政治問題は、広元の尽力によって、朝幕間に一応の合意が形成されて解決されたものの、源義経《みなもとのよしつね》の動向をめぐる朝幕間の緊張は解消されなかった。

奥州平泉に逃亡

上洛《じょうらく》をも辞さない強硬な態度を示す頼朝《よりとも》の恫喝《どうかつ》に屈し、後白河《ごしらかわ》上皇が義経追討の院《いん》宣《ぜん》を発した直後の文治元年十一月頃、義経は九州を目指して摂津《せっつ》国大物浜《だいもつはま》を船出したが、遭難し消息を絶ってしまった。各地を放浪した義経が最終的に身を寄せた先は、奥州《おうしゅう》藤原氏の拠点である平泉《ひらいずみ》である。後白河と頼朝が、義経の逃亡先に関する確かな情報を得たのは文治四年（一一八八）二月頃と思われるが、翌文治五年二月、殺生禁断のための謹慎《きんしん》の一年間を終えた頼朝は、全国規模での軍事動員による奥州攻めの体制に入る。

頼朝の奥州攻め

頼朝の攻撃の口実を解消させるため、閏《うるう》四月三十日、藤原泰衡《やすひら》は衣川《ころもがわ》の館にいる義経を襲撃して妻子もろとも討ち取る。だが、頼朝の究極の思惑は義経個人の打倒ではなく、関東を軍事的に脅かす奥州藤原氏の強大な勢力の殲滅《せんめつ》であり、川合康氏の言葉を借りれば「内乱期御家人《ごけにん》制を清算し、改めて鎌倉殿《かまくらどの》頼朝のもとに再編・明確化する目的で、全国の武士層をいっせい動員」（前掲著）したのであった。

奥州藤原氏の滅亡

既定の方針に沿って戦いの準備を進める頼朝は、七月を開戦の時期と定め、出兵の大義名分を獲得するために、七月十二日、泰衡追討宣旨《せんじ》の発給を朝廷に求めた。頼朝の戦いの正当性を認めない後白河は、頼朝の要求を拒み、ただちに宣旨が発給されることはなかった。だが頼朝はそれに構うことなく七月十九日に鎌倉を出陣し、大手軍（頼朝自らが指揮）・東海道軍（指揮官は千葉常胤《つねたね》・八田知家《はったともいえ》）・北陸道軍（指揮官は比企能員《ひきよしかず》・宇佐美実政《うさみさねまさ》）の三軍に分かれて奥州に進撃した幕府軍は、九月初頭に奥州藤原氏を滅ぼす。結果的に事後承認の形で泰衡追討宣旨が頼朝の許《もと》に届けられたのは、九月九日のことであった。

侵略戦争の戦後処理

奥州合戦は、鎌倉幕府の体制を固めるために頼朝がしかけた「侵略戦争」であった。御家人たちの奮戦によって軍事的に大きな成功をおさめた頼朝であったが、次なる課題は、奥州占領を正当化するための対朝廷交渉である。こうして奥州合戦の「戦後処理」

のための課題が、広元に与えられたのである。

広元に京への報告を命ずる

十月二十四日に鎌倉に凱旋《がいせん》した頼朝は、「いまだ温座《おんざ》せられず」（安心して坐ることもせず）に広元を召し、朝幕間の取り次ぎ役である吉田経房《つねふさ》と一条能保《よしやす》に対して「奥州泰衡を追討」したことを伝える書状を送るよう命じている。なおこの時広元は、頼朝の仰せを受けて、出羽《でわ》国検注に関する指示を同国留守所《るすどころ》に伝えている。

後白河院宣到着

十一月三日、既成事実の追認を迫られた後白河上皇より、「泰衡追討」への満足の意と頼朝家人への恩賞《おんしょう》付与の意志を伝える院宣が鎌倉へ送られてきた。これに応える形で、広元は頼朝の使として三回目の上洛を行なうこととなった。

鎌倉出立

恩賞給付の期待

前日の七日に頼朝より「基本的に恩賞は辞退する一方で、特に功のあった者への恩賞の実現には特別の配慮をするように」との指示を与えられた広元は、八日に鎌倉を出発する。後白河以下朝廷の人々への進物となる龍蹄《りゅうてい》（駿馬《しゅんめ》）百余疋《ひき》・鞍馬《くらうま》十疋・綿千両を携えての出立であった。この日、広元に対して「諸人、餞送《せんそう》せざるなし」であったと『吾妻鏡』は記すが、恩賞給付の実現を求める人々の広元への期待の大きさを示しているといえようか。

在京時の折衝を報告

翌文治六年（一一九〇。四月十一日に建久に改元）三月二十日に、広元は鎌倉に帰参する。その日の『吾妻鏡《あずまかがみ》』の記事には、「去年冬、御使（頼朝の使者）として上洛するところなり。二品《にほん》（頼朝）申さしめ給う条々、ことごとくもって勅答あり。つぶさにその趣《おもむき》を言上《ごんじょう》す」とあり、在京時に朝幕間のさまざまな事柄に関する折衝を終えた広元が、その結果を頼朝に報告したことが記されている。

未詳の広元の動向

だが、上洛時の広元の動向について、『吾妻鏡』と『玉葉《ぎょくよう》』には具体的な記述がほとんど見えず、法金剛院《ほうこんごういん》領筑前《ちくぜん》国怡土荘《いとのしょう》の地頭停廃問題（『吾妻鏡』建久元年三月九日条所収の三月一日の後白河院宣《いんぜん》）および閑院内裏《かんいんだいり》修造勧賞《かんじょう》に関する問題（同三月十四日条所収三月五日の後白河院宣）について、それぞれ後白河上皇の仰せを広元が受けていたことが知られるのみである。文治五年十二月六日の時点で、「泰衡追討」に対する勧賞を行なう旨の後白河院宣が鎌倉に届いているが、これが広元の交渉の結果とどのような関係を持つかも、詳細は定かではない。

奥州合戦の賞

文治五年に在京した広元が担当した奥州合戦をめぐる朝幕交渉は、極めて重要なものであった。ある意味で危険な賭けにもなりかねなかった「頼朝の戦争」を朝廷に追認させるために働いた広元は、まぎれもなく、奥州合戦に功をあげた一人だったのであり、頼朝はその功に報いるために、新たな占領地の中から、出羽国置賜《おきたま》郡・成島《なるしま》荘・屋代《やしろ》荘・北条《ほうじょう》荘および寒河江《さがえ》荘の地頭職を広元に与えている。後に、広元の子孫の中に出羽国に拠点を持つ武士があらわれるのは、このような事情によるものである。

建久元年という年

奥州合戦の終結によって完全な意味で日本国の戦乱が終息した建久《けんきゅう》元年（一一九〇）という年は、鎌倉幕府という武家権力の存在を前提とした日本の国家秩序確立過程が最終段階を迎える年となった。

国家秩序の再建

頼朝は、平和状態の回復だけでなく、財政問題を含めた国家秩序の再建にも力を入れた。伊勢神宮の式年遷宮《しきねんせんぐう》等のような、国家規模で取り組まなくてはならない重要な行事のための費用を荘園公領《しょうえんこうりょう》の別なく賦課《ふか》する、いわゆる一国平均役の収取体制を再建することは、国家財政問題の中で頼朝が最も力を注いだ課題の一つである。

一国平均役の賦課

頼朝が特に重視したのは、いかにして地頭御家人たちを一国平均役の賦課に協力させるか、という問題であった。このような頼朝の政策の遂行を支えるべく、広元は四月十九日、藤原俊兼《としかね》・平盛時《たいらのもりとき》とともに造大神宮役夫工米《やくぶくまい》を地頭が納入していない所領に対する成敗《せいばい》の沙汰《さた》を奉行《ぶぎょう》している。

役夫工米を未済

なお、この時朝廷に注進された役夫工米未済《みさい》所々のリストには、広元自身の所領である伊勢《いせ》国小倭《おやまと》荘（小倭田荘）の名が見える。同荘を含め九ヵ所に及ぶ伊勢国の広元所領は、文治三年（一一八七）三月三十日に作成された伊勢国在庁注進状の中でも公卿《くぎょう》勅使駅《ちょくしうま》家雑事《やぞうじ》未済の所領とされている。この点に関して北爪真佐夫氏は「広元がかかわる庄園でこのような対捍《たいかん》があることはどうしてであろうか」（『文士と御家人』）といささか皮肉めいた指摘をされているが、官僚機構内部での能力と在地所領経営は、次元の異なる問題であったといえようか。

頼朝上洛準備のため四回目の上洛

鎌倉幕府の支配体制を固めた頼朝は、この年、ようやくにして朝廷の人々と対面すべく上洛する。広元が、その準備にあわただしく動き出したことはいうまでもない。九月十五日には頼朝上洛に向けた役割分担が定められ、広元は、中原親能《ちかよし》とともに「六波羅《ろくはら》御亭事《ぎょてい》」ならびに「諸方贈物事」を担当することとされた。京都での折衝に豊かな経験を持つようになった広元にとって、まさに適任の業務であるといえよう。九月二十一日に広元は、「（頼朝の）御入洛以前、京都において沙汰を致すべく」頼朝に先立って鎌倉を発ち京へ向かう。これは、鎌倉下向後四回目となる広元の上洛である。

頼朝の入京

十月三日に鎌倉から上洛の途についた頼朝は、十一月七日に、かつての平頼盛《よりもり》邸の跡に建てられた六波羅の新亭に入る。出迎えた御家人の中には、源邦業《くになり》・中原親能・宇都《うつの》宮朝綱《みやともつな》・小山朝光《おやまともみつ》らとともに、広元の姿があった。

後白河上皇・後鳥羽《ごとば》天皇・九条兼実《くじょうかねざね》といった朝廷の要人たちと会見し、権大納言《ごんだいなごん》・右近衛大将《うこんえのたいしょう》に任官されるという栄誉を受けた頼朝は、十二月十四日に京を発ち、二十九日に鎌倉に帰還している。

頼朝の鎌倉帰還

広元帰還の時期

ところで、この時広元は頼朝とともに鎌倉に戻ったのであろうか。実は、『吾妻鏡』『玉葉』などの主要史料には、広元が頼朝と行動をともにしたか否かを明確にできる記述が見当たらない。確かに、あくる建久二年（一一九一）正月十五日に頼朝が「前右大将《さきのうだいしょう》家《け》」の政所吉書始《まんどころきつしょはじめ》を行なったことを記す『吾妻鏡』の記事には、政所別当《べっとう》広元以下の名が、他の政所職員（令《れい》の二階堂行政《ゆきまさ》、知家事《ちけじ》の中原光家《みついえ》、案主《あんず》の鎌田俊長《かまたとしなが》）、問注所執事《もんちゅうじょしつじ》三善康《みよしやす》信《のぶ》および侍所《さむらいどころ》別当和田義盛《よしもり》、同所司《しょし》（次官にあたる職）梶原景時《かじわらかげとき》、広元の兄弟である中原親能以下六名の公事《くじ》奉行人（頼朝に訴訟を取り次ぐ役）、京都守護の一条能保、鎮西《ちんぜい》奉行人天《あま》野遠景《のとおかげ》らとともに記されている。

政所吉書始のような晴れの場に広元がいなかったはずはない、という考えから、広元は建久元年の末に頼朝とともに鎌倉に戻ったという見解（前田雅之「大江広元年譜考」）も示されているが、この記事は広元の肩書きを記したものにすぎず、広元自身の政所吉書始めへの参仕を明確に語るものではない。

『吾妻鏡』誤記の恐れ

ついでに述べると、『吾妻鏡』の記事には「政所別当　前因幡守《いなばのかみ》平朝臣広元」とあるが、もちろん「平」は誤りで、正しくは「中原」であるのはいうまでもない。何らかの理由で、政所に祗候《しこう》していたもう一人の右筆《ゆうひつ》「平盛時」との混同があったのかもしれない。なお『江氏家譜《ごうしかふ》』に、広元が「鎌倉執務の時、平氏の役を勤るあり。しばらく平氏を称す」という、やや不可解な記述が見られるのは（「平氏の役」とは源氏将軍の補佐役を意味するか）、『吾妻鏡』の記事を曲解《きょっかい》したものであろうか。

なお、建久二年二月二十一日の頼朝政所下文《くだしぶみ》（「下諏訪神社文書」、鎌五一二）には、広元の花押《かおう》が欠けており、広元の鎌倉不在を示す史料と理解できそうだが、同文書は頼朝政所下文の事例としては突出して古いものであり（次の事例は建久三年六月二日のもの）、また別当の署判《しょはん》の序列も異例であるため偽文書の可能性が高く、残念ながら決定的な根拠とはならない。

広元は在京継続

以上のように史料的根拠はやや不十分ながら、ここでは、建久元年から二年にかけて広元の在京が続いたと見る杉橋隆夫氏の見解（「鎌倉初期の公武関係」）に従うこととしたい。もっとも、頼朝とともに鎌倉に帰った広元が、たとえば激務の故に病気に倒れ一時公務から離れていたというような想定もまったく不可能ではないが、かりにそうであるならば、『吾妻鏡』に何らかの記述があるはずだろう。また、建久元年末から建久二年初頭にかけての時期に広元が鎌倉から京に向かったことを明示する史料がないところを見ても、一応先の推定は動かないものと判断される。

法住寺殿再建の責任者

広元が鎌倉に戻らなかった理由としては、頼朝が後白河より請け負った院御所法住《ほうじゅう》寺殿《じどの》造営の実務を京都で差配《さはい》する任務を与えられていたことがあげられる。京都鴨川東岸の七条大路付近にあった法住寺殿は、永暦《えいりゃく》二年（一一六一）以来、後白河上皇の御所とされていたが、寿永《じゅえい》二年（一一八三）に源義仲《よしなか》による襲撃の対象とされ、焼失していた。その再建事業は、文治三年（一一八七）における閑院内裏造営の場合と同様に、幕府の財力に依存して進められることとなり、広元は、建久二年の二月頃より中原親能とともに総責任者を勤めている。造営のための仕事を開始するにあたり、一旦鎌倉に戻ることが煩瑣《はんさ》であると判断したために広元が京に留まったと理解すれば筋が通るだろう。

広元の許に集積した文書

あらためていうまでもなく、広元の事蹟の中で大きな位置を占めるのは、いくどもなされた頼朝の使者としての上洛である。在京中の広元は、公家・寺社・武士からさまざまな問題に関する報告や要請を受け、交渉事をもちかけられていたから、当然ながら広元の許《もと》には多くの文書が集積したにちがいない。そのような文書群の一部を含むと推測される『和歌真字序集《わかまなじょしゅう》』（別名『扶桑古文集《ふそうこぶんしゅう》』）紙背《しはい》文書が、東京大学史料編纂所に所蔵されており、ここで紹介することにしたい。

『和歌真字序集』

『和歌真字序集』は、明治四十三年（一九一〇）に個人から寄贈されたもので、平安末期の和歌の真名序（和歌にそえられた漢文の序）三十三篇を収録したものである（ただし、一篇のみ詩序）。収載されている和歌序のうち半数以上が『本朝続文粋《ほんちょうぞくもんずい》』『本朝小序集』などの類書に未見であり、その意味で国文学・漢文学にとっての貴重な文献とされている。現在同史料は、黒塗木軸の巻子本《かんすぼん》とされ桐箱に収められている。全体は三十一丁から成り、奥書《おくがき》に「応保《おうほ》二年（一一六二）三月三日　書写しおわんぬ。校しおわんぬ。九月二十一日一見しおわんぬ」と見える。内題・尾題《びだい》は欠けており、題簽《だいせん》に「扶桑古文集」と記されているが、これはおそらく後世の命名であろう。なお『和歌真字序集』とは、昭和三十八年（一九六三）に同史料が重要文化財に指定された際付された書名である。

紙背文書の概要

『和歌真字序集』の内容は、すでに土田直鎮「史料紹介　本所所蔵「扶桑古文集」」（『東京大学史料編纂所報』二）の中で全文翻刻されているが、紙背文書に関してはほぼ学界未紹介といってよい。『和歌真字序集』の紙背に見える二十二通の文書（以下本書では、単に『紙背文書』と称することにする）の内容を概観するために作成したものが別表である。年号が見えるものは、安元《あんげん》二年（一一七六）の年紀を持つ第二号文書（以下、『紙背文書』からの引用の際には別表の通し番号のみを示すこととする）のみであるが、「鎌倉殿」「播磨《はりま》地頭」といった語や有力御家人と思われる人物の名が散見することより、文書群は鎌倉幕府に深い関わりを持つものであることが分かる。

広元宛の文書群

また、別表の宛所《あてどころ》に記したように、六通の文書が「因幡前司」に、一通が「兵庫《ひょうごの》頭《かみ》」に宛てられている。これらは、いずれも広元の官途《かんと》に相当する。さらに、文書中に見える荘園などの地名がほとんど畿内近国にあることから、文書の多くが、在京中の広元宛のものと推測できるのである。なお、紙背の文書のほとんどが鎌倉期のものであるから、表の『和歌真字序集』も応保二年書写本を鎌倉以降に筆写したものであるということになる。

紙背文書の年紀

ところで、一通を除いて記載を欠く紙背文書の年紀はいつであろうか。その手がかりとなるのは、三月十八日の日付を持ち（東京大学史料編纂所所蔵影写本には「二月十八日」とあるが、写真帳による照合により「三月十八日」であることが判明する）、「若宮ならびに御塔炎上事」という書き出しを有する第九号文書である。ここに見える「若宮」および「御塔」の炎上とは、『吾妻鏡』の記事より、建久二年三月四日の鎌倉大火に関わるものと判断され、第九号

『和歌真字序集』紙背文書目録

番号	文書名	宛所	文書中に見える主な語句
1	某書状	欠（後欠）	「於田江庄」「小田江保」「播磨地頭」
2	安元二年十二月日菅原氏明法問状	欠	「神田御薗御厨」
3	正月二十四日某書状	因幡前司	
4	三月五日範□書状	欠（後欠）	「有年御庄下文」
5	三月六日範□書状	欠	「下総前司」「近江馬助」「季遠」
6	某書状	欠（後欠）	「十禅師宮仮殿」「坂本」
7	三月十一日某書状	欠（後欠）	「播州地頭代官」「御文三箇国地頭」「鎌倉殿」
8	三月二十四日範□書状	因幡前司	「精進屋」
9	三月十八日範□書状	因幡前司	「若宮」「御塔」「清水寺」
10	二月八日範□書状	因幡前司	「康慶」
11	某書状	欠	「法住寺殿作事」
12	三月十一日範□書状	欠	「淀」「寺江」
13	十一月五日刑部少輔仲□書状	欠	「忠能」「高嶋油座」「力者桔梗法師」「山僧」
14	三月十八日範□書状	欠	「前掃部頭」「清水寺還御」

15	三月十四日範□書状	欠	「浄土寺殿」
16	某書状	欠	「法花堂」
17	二月十六日範□書状	欠	「鎌倉殿御書」
18	二月十七日範□書状	因幡前司	「鎌倉殿御書」「浄土寺」
19	三月四日某書状	因幡前司	「越前国池田庄」
20	二月十日範綱書状	欠	「奏者行事」
21	正月二十九日左衛門少尉某書状	兵庫頭	「御慶賀」「拝賀之礼」
22	左衛門（少尉）某書状	欠（後欠）	「参賀」「聞書」

建久二年の文書群

文書の年紀は建久二年のものと分かる。また紙背文書群は、多くの場合、集中した時期のものが一括廃棄されて再利用されたものと判断されるから、他の文書についても、建久二年のものと推定することが可能であろう。

範綱という差出人

では、紙背文書は誰の手になるものであろうか。第四号文書の差出者の名は「範□」とあり、同じ名が五・八・九・十・十二・十四・十五・十七・十八・二十の各号文書に見えている。子細に見ると、第二十号文書の署名は「範綱《のりつな》」と判読でき、また第十二号文書の本文末には、「範綱恐々謹言」という記述が見える。したがって、上記の文書は

後白河の意を伝えた文書

もちろん、他の文書のいくつかも範綱が広元へ宛てた書状ということになる。範綱とは、『玉葉』の記事より、建久三年（一一九二）三月十五日の後白河法皇の死去とともに出家し、後白河の入棺役を勤めた「若狭守《わかさのかみ》範綱」に相当することが分かる。いうまでもなく、後白河の近臣ということになる。すなわち紙背文書の書状は、さまざまな問題をめぐって範綱が後白河の意を広元に伝えたものなのである。

上記の事柄を前提として、以下本書では、建久二年に在京した広元の活動との関わりが確かめられる文書を紙背文書の中からいくつか選び、読み解いていくことにしたい（原文は一部に仮名を交えた漢文体であるが、便宜上漢字仮名交じりの書き下し文に改めた）。

> 御書給わり候《そうら》いおわんぬ。早く□せしむべし。御文においては、拝見し返上せしめ候。於田江《おだえ》事、本庄は於田江庄と号す。新庄は小田江保《ほ》と称し候なり。当時は、両方地頭（「刑部丞《ぎょうぶのじょう》」と傍記）役を勤め候と云々。この仰せの上、重ねていかがは申し行なわしめ候。追って御下向《ごげこう》の時など御披露よろしく候か。播州《ばんしゅう》地頭の事、このついでに仰せ出さる儀、すこぶるその奨《すすめ》候か。平五状を申し取らるるところ、神妙に候。御所望《ごしょもう》の次第、よく心得《こころえ》申され候上（後欠）。
>
> （第一号文書）

十分に文意を読みとることができないが、荘園公領の地頭職をめぐる何らかの折衝の過程で作成された文書であることは容易に判断されよう。

於田江荘・小田江保

文書中に見える「於田江」「小田江」は、それぞれ尾張《おわり》国春日部《かすかべ》郡に所在した於田江荘・小田江保に相当する。これまで両所領に関する史料は南北朝期以降のものしか知られていなかったが（「実相院《じっそういん》文書」建武《けんむ》三年八月三十日光厳《こうごん》院宣案など）、その存在が鎌倉初期までさかのぼって確かめられることとなった。また両所領の地頭が「刑部丞」であると注記されているが、この「刑部丞」は相模《さがみ》国の御家人山内《やまのうち》首《す》藤《どう》経俊《つねとし》のことであろう。

播州地頭の事

播磨は後白河の分国

文書前段の主な内容は地頭役の勤否《ごんぴ》についての報告だが、後段に「播州地頭の事」が特記されていることが興味深い。先に引用した『吾妻鏡』文治二年閏七月十九日条に見える後白河上皇の広元への仰せの中で、備前《びぜん》国とともに播磨国における武士の押領《おうりょう》の件が話題とされていたことに関連づけられるからである。そもそも播磨国は後白河上皇の分国であり、幕府方の武士の進出によってさまざまの軋轢《あつれき》が生じた地域である。広元宛のものとして読むことにより、この文書が建久二年に在京した際の広元の活動に関わるものであることがよく理解できるだろう。なお、最後の方に見える「平五」とは、広元とともに頼朝の右筆をつとめた平盛時を指すものと思われる。

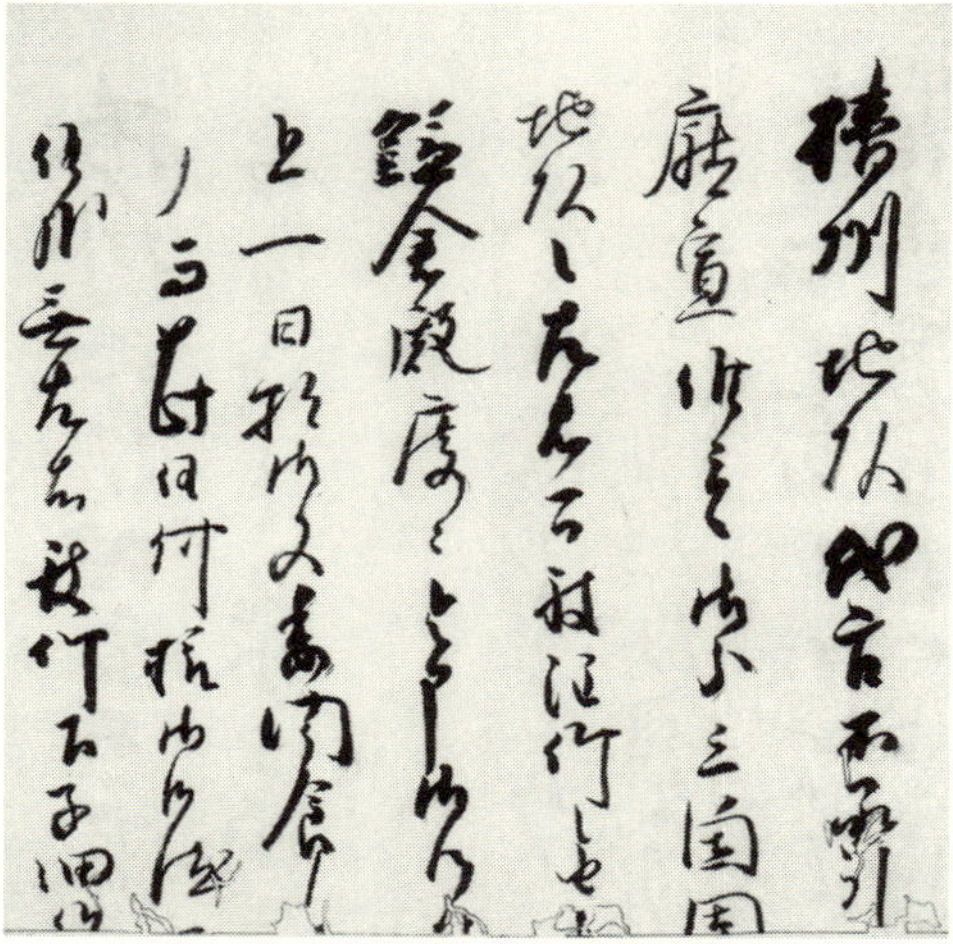

『和歌真字序集』紙背文書
（第 7 号文書，東京大学史料編纂所蔵）

また、三月十三日の日付を持つ第七号文書は、冒頭に次のような記述を持つ。

> 播州地頭代官、庁宣《ちょうせん》を承引候わずと云々。御分三箇国の地頭の左右《そう》、仰せに随《したが》わるべきの由、鎌倉殿より度々《たびたび》申し御沙汰せしむ。かつがつ一日御文においては委《くわ》しく聞こし食《め》し候いおわんぬ。

播磨国の地頭代官が国司の支配に随わない事態が生じたために、後白河上皇の分国の地頭は上皇の仰せに従うべしとの頼朝の命令が発せられたという内容である。以上の文書の内容からは、守護・地頭制に端を発する武士と荘園領主の紛争解決のために、建久二年に上洛した広元に対してかけられた公家側の期待の大きさが、あらためてよく理解できるだろう。

有年荘

この他、第四号文書に「有年《うね》御庄の御下文、同じく進《まい》らせしむべく候」という文言が見えるが、有年荘は、播磨国赤穂《あこう》郡にある荘園である。この「御下文」とは、武士の押領行為停止を命じる源頼朝下文と思われる。有年荘は近衛《このえ》家領荘園であり、あるいは文治年間の摂関家《せっかんけ》領分割問題との関係もあるのかもしれない。

次に、三月六日の日付を持ち、「下総《しもうさ》前司御文早く覧ぜしむべし」という記述で始まる第五号文書を見よう。この「下総前司」とは、甲斐《かい》源氏出身の有力御家人安田義定《やすだよしさだ》にあたるのではないだろうか。

安田義定の受領人事

義定は、寿永二年（一一八三）以来遠江《とおとうみ》守の地位にあったが、後白河上皇より朝廷への公《く》事《じ》（租税）納入緩怠《かんたい》を咎《とが》められ、懲罰《ちょうばつ》人事として建久元年（一一九〇）正月二十六日に下総守に国替えされたばかりであった。だが義定はこの人事に不満で、二月十日に申状《もうしじょう》を提出して遠江守への還任を求めている。頼朝の助力の甲斐もあったらしく、翌建久二年になって義定の遠江守還任は実現するのだが、その日付はまさに第五号文書と同じ三月六日である。あるいは「下総前司御文」は、還任の申請に関わる義定の書状にあたるものかもしれない。安田義定の受領《ずりょう》人事問題も、広元が対応にあたった朝幕間の交渉課題の一つとなっていたことを推測しておきたい。

法住寺殿再建事業

さらに、広元の直接の上洛目的である院御所法住寺殿再建事業と関係する史料も、紙背文書群に見られる。次の文書がそれである。

御下向いつごろか。越前《えちぜん》国池田庄の間の事、委細《いさい》申し合わするなり（中略）恐々謹言

三月四日　□□

因幡前司殿

（第十九号文書）

越前国池田荘

この文書中に見える「越前国池田荘」については、これまで一次史料の中の所見が確認されておらず、鎌倉初期の関連史料としては、『長門本平家物語《ながとぼん》』巻二十に、平氏一門の有力家人である主馬入道平盛国《しゆめ　もりくに》の末子「主馬八郎左衛門盛久《さえもんもりひさ》」が、清水寺観音の力で斬首を免れた上に、文治二年（一一八六）六月二十八日に「越前国池田の庄」をもって「法住寺仙洞《せんとう》（院御所）の造進を奉行するよう下文を与えられた」という記事が知られるのみであった。紙背文書中のこの文書によって、法住寺殿造営料所となった同荘園の実在が確認されることとなった。第十九号文書は、鎌倉下向を間近にした広元に対して、法住寺殿造営料所となった荘園に関して、何者か（おそらくは範綱）が相談を持ちかけたも

のであろう（なお、第十一号文書にも「法住寺殿作事」という文言が見えている）。

建久二年鎌倉下向

ところで、この文書の中で言及されている「広元の鎌倉下向」の時期を明らかにする記述は、『吾妻鏡』には見られない。一方『玉葉』建久二年六月二日条に「広元下向のついでに、子細を頼朝卿の許に示し遣《つか》わす」という記事が見え、建久二年前半における広元の鎌倉下向の事実が示唆《しさ》されている。杉橋隆夫氏は前掲論文の中で、他の諸史料との比較検討の結果もふまえ、三月下旬以前に広元が一時鎌倉に下向したことを推測されているが、三月四日の日付を持つ第十九号文書の中に、広元に対して「御下向いつごろか」と問いかける文言が見られることは、杉橋氏の推測が的を射たものであることを示している。なお、四月には京都での広元の活動が見えるから、この時の広元の鎌倉滞在は短期間であったことになる。その間の鎌倉での活動が史料上うかがえないことは前述した通りである。

二　任官問題の波紋

建久元年（一一九〇）の末に鎌倉へ戻る頼朝と広元が別行動をとったことには、実務官僚として法住寺殿造営の職務にあたるという理由があったのだが、広元の長期間の在京は、彼の身に思わぬ難題を投げかけることとなった。それは、広元に対する後白河上皇からの直接の官職付与という出来事をきっかけに起きた。

明法博士・左衛門大尉に任官

建久二年（一一九一）三月二十七日、九条兼実は、広元が五位の衛門尉《じょう》に補任《ぶにん》されようとしているとの情報を知って驚き、「未曾有《みぞう》か」と日記に記している（『玉葉』）。兼実の得た情報は正確であり、四月一日の除目《じもく》で、広元は明法博士《みょうぼうはかせ》・左衛門大尉に任じられるとともに、使宣旨を受けて検非違使《けびいし》となった（『尊卑分脈《そんぴぶんみゃく》』『系図纂要《けいずさんよう》』が建久四年のこととするのは誤り）。兼実は同日の日記に次のように記す。

因幡前司中原広元大博士広季《ひろすえ》の男なり。頼朝卿の腹心なり、明法博士剰任《じょうにん》先例無きかならびに左衛門大尉に任ず上古大尉を任ず。近代すこぶる希《まれ》。為義《ためよし》大尉に任ずと云々。即ち使宣旨を蒙る。この事いかが。家すでに文筆の士なり。期するところは大外記《げき》・明経《みょうぎょう》博士なり。しかるに今の任じる所、天下の耳目《じもく》を驚かす。

異例の人事

要するに、広元の出身である大江氏は文章道《もんじょうどう》・明経道を家業としており、大江氏の人間である限り、大外記や明経博士といった文官あるいは学問に関わる官職に任じられるべきであるから、衛門府《えもんふ》のような武官や明法道系の官職を与えることは異例であるというのである。確かに、広元の養父広季は明経博士であり（『尊卑分脈』「中原氏略系図」に「明法博士中原広季」、『玉葉』寿永三年二月一日条に「前明法博士広季」とあるのは誤り）、広元のように明経道の極官である外記を経験した官人が明法博士となる先例は絶えて久しいものだったし、明法博士への任官は、定員二名のところを三名にまで増員してなされた前代未聞のものだった（ちなみに他の二人は中原章貞《のりさだ》と中原明基《あきもと》）。なお、『官職秘抄』に「明法博士（中略）三人例、建久に広光（広元の誤り）を加う」とあるのは、この時の任官を指したものである。ほぼ実例の絶えている「左衛門大尉」への任官ともあわせ、公事の作法にうるさ

兼実の嘆き

い兼実が異例ずくめの広元の任官を嘆くのも無理からぬところであった。

余談だが、鎌倉時代後期の明法家中原章保《のりやす》は、明法博士に「加任」されることを望んで、広元の明法博士任官の例を「佳猷《かゆう》」「吉例」とする申文《もうしぶみ》を作成している（「勘仲記《かんちゅうき》紙背文書」、鎌一七〇二九）。もちろんこれは、自分に都合の良い例として「異例」の出来事が

言及されているにすぎない。

兼実の怒りの要因

もっとも広元の養父である広季の子には、中原章貞の養子となって明法博士に任じられた章光《のりみつ》のような人物がいるから（続群書類従《ぞくぐんしょるいじゅう》本「中原系図」）、広元の明法博士任官もまったくの不当なこととはいい切れないだろう。実は兼実の怒りの要因は、任官の先例からの逸脱のみではなかった。前掲の『玉葉』の記述は、以下のように続く。

この事、通親《みちちか》卿追従《ついしょう》のため諷諫《ふうかん》を加うと云々（中略）およそ言語の及ぶところにあらず。おそらく頼朝卿の運命尽きんと欲するか。誠にこれ獅子《しし》中の蟲《むし》獅子を喰らうごときか。悲しむべし悲しむべし。

政敵源通親の動向

「この事、通親卿追従のため諷諫（ここでは「それとなく指示する」の意）を加う」という記述に示されるように、兼実の心をさらに乱した理由は、兼実の政敵である源通親が後白河に助言したことで広元の任官が実現したことであった（「諷諫」の語は普通「諫《いさ》めて制止する」の意に用いられるから、異例の任官を行なおうとする後白河を通親が諫めた、と解釈する余地もある。もしそうであるならば、通親が広元の立場の悪化を慮《おもんぱか》ったのかもしれないが、「追従」の語との関連から本文のように解釈しておく）。

頼朝は通親に接近

鎌倉初期の公武関係史研究ですでに明らかにされているように、源頼朝は、建久年間頃より、朝廷との交渉の窓口として親しい関係を続けてきた親幕派公卿兼実と一定の距離を置くようになり、かわって兼実とライバル関係にあった後白河近臣源通親に接近しはじめる。頼朝は、娘大姫《おおひめ》の後鳥羽天皇入内《じゅだい》という重大案件を、通親のルートで実現しようと図っており、その具体的折衝には広元も一枚かんでいた可能性が高い。

広元と通親の関係

通親と広元の交流がこれより以前にさかのぼる可能性はあるが、建久初年の朝幕交渉過程で通親と広元の関係が親密なものとなり、通親による口添えで広元の破格の任官が実現したのだろう。ちなみに、前述の『和歌真字序集』紙背文書の第十一号文書に、「博士御所望《しょもう》事、尤《もっとも》穏便《おんびん》歟《か》」という記述が見られるが、これは、広元が明法博士への任官を望んだことに関連するものである。

源通親像
（「天子摂関御影」宮内庁三の丸尚蔵館蔵）

通親の「方人」

少し後のことであるが、建久十年（正治元年。一一九九）正月に起きた後藤基清《もときよ》・中原政致《まさむね》・小野義成《よしなり》による通親襲撃未遂事件（いわゆる三左衛門《さんざえもん》の変）の際に、広元が通親を擁護する姿勢をとったことに対し、慈円《じえん》が『愚管抄《ぐかんしょう》』の中で、広元は通親の「方人《かたうど》」（味方）であると記している。またさらに後のことだが、承久《じょうきゅう》の乱に際して後鳥羽方についた親広《ちかひろ》（広元の長子）は通親の猶子《ゆうし》となっており、広元と通親の関係の親密さは、極めて深いものであったということができる。

兼実の不信感

広元にしてみれば、かつて外記として奉仕した兼実を敬遠する気持ちがあったのかもしれない。兼実にとっても、一外記官人にすぎなかった広元が破格の出世をしたことに、心穏やかならぬものがあったにちがいない。兼実の述べる「おそらく頼朝卿の運命尽きんと欲するか。誠にこれ獅子中の蟲獅子を喰らうごときか」という言葉には、自らの協調関係をさしおいてまで通親に接近しようとする頼朝の対朝廷政策転換に対する糾弾《きゅうだん》とともに、広元に対する不信感があからさまに示されているといえるだろう。

もっとも、広元にとって、兼実が切歯扼腕《せっしやくわん》すること自体は何程のことでもなかったかもしれない。だが、やがて兼実のみならず頼朝が広元の任官に不快の念を持つことにより、広元は厳しい状況に追い込まれることとなるのである。

変わらぬ頼朝腹心としての活動

左衛門大尉・明法博士・検非違使に任官された後も、頼朝の腹心としての広元の仕事は変わることなく続いた。四月から五月にかけて、近江《おうみ》国御家人佐々木定重《さだしげ》と日吉社《ひえしゃ》の争いについて鎌倉へ報告を行ない、さらに五月十二日には、四月二十日に行なわれた賀《か》茂祭《もさい》の記録を作成して鎌倉へ送るとともに、近江国高島郡に安置された毘沙門天《びしゃもんてん》像供養が行なわれたことを報告している。この時広元が注進した賀茂祭注進記の筆頭には、祭りに供奉《ぐぶ》した「大夫尉中原広元」の名があり、さらにその下には、後白河より馬を賜ったことが注記されている。

毘沙門天像供養の話を聞いた問注所執事《もんちゅうじょしつじ》三善康信は、この毘沙門天像が、養和《ようわ》年間に後白河の命を受けた仏師院尊法印《いんそんほういん》によって院御所で作られたものであることを指摘し、さらに頼朝は、この毘沙門天像が平清盛《きよもり》在世の時に造立された「源氏調伏《ちょうぶく》」のためのものであるという風聞について「すこぶる甘心しない」旨を広元に伝えている。事実関係を調べて何らかの対応をせよ、との指示を意味するものであろう。

九条・一条家の婚姻

この年の公家政権側の動きとしては、摂政《せっしょう》九条兼実の子良経《よしつね》と一条能保の女との婚姻があった。幕府方と近い関係を持つ公卿家同士の婚儀であるため、幕府はこれに協力の姿勢を見せ、頼朝室北条政子《まさこ》の沙汰によって能保女の装束の調達が御家人に命じられ、

後白河法皇像
(「天子摂関御影」宮内庁三の丸尚蔵館蔵)

後白河の法住寺殿移徙

後白河より御所造営の賞を賜る

広元は中原親能とともに女房装束の調達を担当している。

　このように広元の携わる実務は多岐にわたったが、前述したように、建久二年の京都における広元の主な任務は、院御所法住寺殿の再建であった。広元、中原親能、そして十月に新たな責任者に加わった成勝寺《じょうしょうじ》執行《しぎょう》昌寛《しょうかん》法橋《ほうきょう》の三人の指揮により、工事は順調に進められ、十二月十六日に、再建された法住寺殿への後白河の移徙《いし》(転居)が行なわれ、その記録が広元の使者によって二十四日に鎌倉へ伝えられている。移徙の翌朝、後白河は御所造営の功を賞し、広元と親能に剣を賜っている。

　この時の広元は、後白河・頼朝という二人の人物の厚い信頼を得た晴れやかな立場を、さぞかし誇らしく思っていたのではないだろうか。だが同じころ、明法博士・左衛門大尉・検非違使への任官をきっかけとする極めてゆゆしい事態が、広元の身に起り始めていたのである。

明法博士を辞す

『吾妻鏡』建久二年十月二十日条に、「広元朝臣《あそん》、明法博士を辞すべきの由これを申し送る。関東に祗候するの輩《やから》、顕要の官職をもってほしいままに兼帯すること然《しか》るべからず。辞せしむべきの旨、仰せ下さる」と見える。「広元が、明法博士の職を辞する旨を京都に伝えた。鎌倉幕府に仕える者が、勝手に朝廷の要職を兼ねることは好ましくないから、職を辞するように、との頼朝の仰せがあった」という内容である。

頼朝の辞職勧告に応じる

　長期間の在京を続けている間に、広元が直接に後白河より破格の任官を許されたことが、家人への恩賞付与を他者に委《ゆだ》ねることに極めて強い嫌悪感を示す頼朝の感情を逆なでし、頼朝の仰せによって広元は明法博士の職を辞したのである。広元は、前述したような明法博士任官の異例さを特に重く見て、まずこの職を辞することとしたのであろう。実際に広元が明法博士職を去るのは十一月五日のことである（後掲の建久三年二月二十一日付広元辞状による）。

ただ一度の頼朝の不興

　無断任官問題が源義経の破滅の引き金になったことを、そのとりなしを依頼された広元がよもや忘れたはずはあるまい。それほどに肩書きの魅力は大きかったとみるべきか、はたまた広元なりの何らかの深慮があったのか、そのあたりは定かではないが、この時の任官問題は、頼朝の忠実な側近としての広元の経歴において、おそらくただ一度といってよい、頼朝の不興を買う出来事となったのである。

鎌倉へ戻る

明法博士こそ辞したものの、いぜん左衛門大尉・検非違使の官職を帯びつづけた広元は、この年の十二月末頃に鎌倉に戻っている。後白河の病気見舞いのために広元が上洛したことを記す『吾妻鏡』建久三年（一一九二）二月四日の記事に「この廷尉《ていい》（広元）去々年（建久元年）上洛し、去年（建久二年）また法住寺殿修理の行事として在京、当職として賀茂祭に供奉す。重事《ちょうじ》連綿たり。たまたま去冬月迫（十二月末頃）に帰参す」とあることより知られる事実である。したがって、頼朝の容認しない官職を帯した広元が、わずかの間とはいえ鎌倉での生活を送っていたことになる。翌年二月初頭の上洛までの間に頼朝と広元が接触した形跡が『吾妻鏡』にはまったく見られないが、あるいは両者の不穏な関係を示唆するものかもしれない。

再上洛し、左衛門大尉・検非違使を辞す

右記のように、広元は後白河上皇の病気見舞いの使者として、翌建久三年二月四日に鎌倉を発ち、十三日に京に入っている。この機を得て広元は、二十一日に、ようやくにして残る左衛門大尉・検非違使の職を辞する文書（辞状）をしたためている。「正五位下行《ぎょう》左衛門大尉中原朝臣広元誠惶《せいこう》誠恐謹言　ことに天恩を蒙り、帯するところの左衛門尉・検非違使職を罷《や》まれられんことを請う状」という書き出しで始まるこの時の広元の辞状は、辞状が鎌倉に届けられた三月二日の『吾妻鏡』の記事に収められている。

辞状の内容

辞状には、いかにも豊富な漢文の知識を持った文官が書いたというべき難解な語句と表現が散りばめられているが、要点を端的に述べれば、三つの官職を兼ねることは負担が重いので、前年の十一月五日に明法博士は辞したものの、残る二つの武官職についても、自分の家業と能力から考えて任が重いので辞したい、ということになる。

頼朝の御意に叶う

この辞状を載せる『吾妻鏡』三月二日条の地の文には、辞状の写しを見た頼朝が「この事はなはだ御意に叶う」すなわち「満足した」という記事が見える。広元の辞職の直接的要因が頼朝の意向であったことは明らかだが、さすがにそのことを辞状に書くわけにはいかなかったろう。今も昔も、人が職を辞する時の言葉には、空々しい文句が現われるものである。

後白河上皇の死

二月二十二日、上皇の病状が深刻であることが、広元の使者によって鎌倉に伝えられている。そしてついに、三月十三日、後白河上皇は六条殿で六十六年の波乱の生涯を閉じた。後白河の死とともに頼朝使者としての任が終わった広元は、五月三日に京を離れるが、九条兼実はその前日の日記に、「広元、将軍に思い飽かるるか。これ廷尉（検非違使）の事によりてなり。然るべし然るべし」（『玉葉』五月二日条）と記している。「検非違使任官問題で、広元が頼朝に不快に思われた。当然のことだ」というのである。

広元の未練

かりに広元が実務に追われて辞状作成の暇が得られなかったにせよ、頼朝の意図を知ってから広元がすべての官職を手放すまでの期間はかなり長い。源通親の計らいで後白河より与えられた官職に、広元は未練を持っていたのではないだろうか。

兼実の観測

政敵源通親に接近したことに由来する広元への兼実の恨みつらみはともかくとして、任官問題をめぐり広元と頼朝の関係が極めて不安定な状態にあったことを、兼実はしっかり見ていたのである。自分の不満を頼朝が代弁してくれたことに兼実はさぞ満足したであろうが、広元に対する兼実の感情には誠に執念深いものが感じられる。

　こうして、広元の真意はともあれ、頼朝と広元の関係を阻害する要因は解消された。広元の生涯の中で、建久初年の任官問題は極めて危うい事態をもたらすものであった。

三　頼朝の征夷大将軍就任とその晩年

頼朝の征夷大将軍就任

武家政権を確立した源頼朝は、征夷大将軍《せいいたいしょうぐん》の地位を切望していた。その地位の付与を最後まで認めなかった後白河上皇が亡くなったことにより障害はとりのぞかれ、九条兼実の奔走の結果、七月十二日に頼朝は晴れて征夷大将軍に任じられた。

幕府機構の再編

征夷大将軍の地位を得たことを契機に、頼朝は御家人制の整備および政所の権限拡大という幕府機構の再編に着手する。広元が源邦業《くになり》とともに政所別当として参仕した八月五日の将軍家政所始に際し、頼朝による御家人所領の宛行《あてがい》や安堵が、頼朝自身の花押が添えられた下文（御判《ごはん》下文）から政所発給の下文（政所下文）へと一律に切り替えられることとなったのである。

組織的な整備強化

頼朝挙兵以来の東国有力御家人である小山氏・三浦氏・千葉氏らは、この制度改変に反発して引き続き御判下文の発給を求め、例外的に認められている。しかし、征夷大将軍という幕府の長にもっともふさわしい名分《めいぶん》を得たことを機に、幕府支配のあり方を人格的なものから組織的なものへと整備強化しようとする頼朝の方針は揺るがなかった。

このような動向の背景の一つに、政所を基盤とする広元の活動実績があったといっても過言ではないだろう。平安末期の朝廷社会を生き、院権力の機構的基盤である院庁《いんのちょう》、同じく摂関家の政所の活動を間近に見てきた広元は、家政機構の制度的充実が頼朝の権威を支え補完し、幕府支配体制の安定強化につながることを確信していたにちがいない。

政所下文の実例

現存文書史料から知られる頼朝御判下文から頼朝政所下文への切り替えの一例として、広元自身の所領である周防《すおう》国大島三ヵ荘・公領地頭職に対する建久三年六月三日の頼朝政所下文（「正閏《せいじゅん》史料外編」、鎌五九四）があるが、これは三番目に古い現存例である（鎌五九三・鎌補一二七の二通が六月二日発給）。

関東御領を経営

広元は、頼朝の主要な経済基盤である関東御領の経営にも関与し、八月には肥後《ひご》国球《く》磨《ま》郡に設定された「鎌倉殿御領　五百丁」（郡内公田の四分の一を占める広大な所領で「球磨御領」と称された）の預所《あずかりどころ》となったことが、建久八年（一一九七）閏六月日肥後国図田帳《ずでんちょう》（「相良《さがら》家文書」、鎌九二九）および弘安《こうあん》六年（一二八三）七月三日関東下知状《げちじょう》（「平川文書」、鎌一四八九八）などの史料より知られる。ただし、広元は同所領の在地支配にはあたらず、同所領内の永吉三〇〇町の年貢納入は地頭平河《ひらかわ》氏の請負《うけおい》であった。広元が、同じく関東御領である伊勢国小倭田荘の預所だったことは前述した通りである。

建久三年における広元の他の活動をみると、八月九日の頼朝次男千幡《せんまん》（後の実朝《さねとも》）誕生に際し、加持験者《かじげんじゃ》に馬・剣を献じたり六夜の沙汰をしたほか、十一月二十五日には永福《えいふく》寺《じ》供養の奉行を勤めていたことが知られる。

広元の役割

ここであらためて、確立した幕府支配機構の中での広元の役割をまとめてみよう。政所別当として広元が頼朝の家政全般をとりしきっていたことはいまさらいうまでもないが、それに加えて、頼朝に対してなされるさまざまな事柄の取り次ぎ役を、広元はほぼ一手に担っていた。

頼朝への取り次ぎ役

文治元年（一一八五）六月九日に、紀伊《きい》国栗栖《くるす》荘に関する粉河寺《こかわでら》の訴えを頼朝の使者へ取り次いだ例（「御池坊文書」、平四二六二三）をはじめ、寺社や貴族の訴訟を頼朝（もしくはその使者）に取り次いだ例は枚挙《まいきょ》に遑《いとま》がない。前述した義経の腰越状《こしごえじょう》の他、建久四年（一一九三）八月二日に謀叛の嫌疑をかけられた源範頼《のりより》の起請文《きしょうもん》を頼朝に取り次いだり、建久五年四月二十一日に平家の遺児六代《ろくだい》禅師が、出家の意志を広元の取り次ぎによって頼朝に伝えたりしているように、要人が頼朝に接触する時の窓口も広元であった。

御家人たちの款状

御家人たちが広元に取り次ぎを求めた事柄の中で、最も重要なものは恩賞に関する申請である。広元没後の貞永《じょうえい》元年（一二三二）十二月五日に、三代執権《しっけん》北条泰時《やすとき》が右筆の許に散在した広元所蔵文書を集め、目録を作成した後に長井泰秀《やすひで》（広元の孫にあたる人物）に送っているが、その文書群の中には「人々の款状《かんじょう》」すなわち御家人たちの款状（官職や所領の付与を求めて提出された自薦の文書）が集められていたという。

恩賞付与の実務

御家人の恩賞業務への広元の関与は、建久四年頃より事例が多く確認できるようになり、建久四年正月二十七日に二階堂行政とともに安房平太以下の輩への新恩給与を奉行し、同十一月十二日には楽人多好方《おおのよしかた》に対する神楽《かぐら》賞としての飛驒《ひだ》国荒木郷地頭職付与を奉行している。また、十一月三十日の『吾妻鏡』の記事には「人々恩沢に浴す。因幡前司広元・民部大夫行政・大蔵丞頼平《よりひら》等これを奉行す」と見える。この建久四年頃を境として、御家人への恩賞付与の実務は、政所に基盤を置く広元が中心となって進められることとなったのである。

広元の立場の二面性

こうした体制が成立したことにより、将軍頼朝（さらには頼家《よりいえ》・実朝）からの恩賞を期待する御家人たちは、いやおうなく広元の存在を重んじざるをえないことになり、幕府内での広元の立場はますます強固なものとなった。だがそれは一面で、御家人たちの不満が一身に広元に向けられることを意味し、広元の政治的立場を不安定なものとする契機となりかねないものでもあった。

建久五年（一一九四）の広元は、鎌倉と京の間をあわただしく往来して緊迫した公武交渉に従事する生活からひとまず解放され、幕府実務官僚としての鎌倉での活動に専念する時期が続く。

東大寺大仏殿の再建

平家によって焼き討ちされた東大寺大仏殿の再建事業がいよいよ最終段階に入り、五

重源との関係

月二十九日に京都の吉田経房《よしだつねふさ》より東大寺供養の雑事《ぞうじ》目録が鎌倉に到着すると、広元は問注所執事三善康信とともに、御家人に布施《ふせ》や僧供料米《そうくりようまい》の勧進《かんじん》を命じる頼朝の指令を諸国守護人に伝えている。すでに文治元年頃より、頼朝は東大寺大仏殿再建のための勧進を請け負った重源《ちょうげん》に全面協力の姿勢を見せており、広元も重源との間で実務上の連絡を緊密にとっていたと思われる。建久三年（一一九二）八月十日に、広元が父母のために経・香炉《こうろ》・玉幡《ぎょくばん》などを重源に寄進したことを示す文書（「中井源左衛門所蔵文書」、鎌補一三〇）が伝存しているが、広元と重源の結びつきを示す史料といえよう。

建久五年の広元の活動としてはその他に、八月八日に相模国日向《ひなた》山に参詣した頼朝に下毛利《しももり》荘で駄餉《だこう》を献上、九月二十八日に伊勢神宮・熱田《あつた》社への神馬《しんめ》御剣奉納を奉行、十月二十五日に勝長寿院《しょうちょうじゅいん》供養願文を清書、といったものが確認できる。さらに、十二月二日には梶原景時・中原仲業《なかなり》らとともに勝長寿院奉行人に任じられ、十二月二十六日には永福寺新造薬師堂供養に供奉している。

頼朝二度目の上洛に従う

あくる建久六年（一一九五）二月十四日、頼朝は二度目の上洛を行なう。東大寺の落慶《らっけい》供養に参加することが表向きの理由であったが、この上洛には、懸案である大姫入内《じゅだい》計画に関する交渉に頼朝自らが臨む意図が秘められていた。広元が、頼朝とともに上洛したことはいうまでもない。在京中の広元は、三月十日の東大寺落慶供養に臨む頼朝に供奉した後、四月十二日の六波羅邸における吉田経房と頼朝の対面に陪膳《ばいぜん》を勤め、五月二十日の頼朝天王寺参詣に供奉している。七月八日に頼朝とともに鎌倉に戻った広元は、九月二十三日、御家人への新恩沙汰を奉行している。

兵庫頭任官

翌建久七年（一一九六）正月二十八日、広元は兵庫頭に任じられた（『尊卑分脈』）。『吾妻鏡』の頼朝将軍記が建久六年に途絶えているために、建久七年以降の広元の活動を具体的に追うことはほとんどできず、文書史料上から、頼朝の政所下文発給実務に関わっていたことが確かめられるのみであるが（鎌八五六・鎌八六七・鎌八九七）、政所別当および頼朝腹心としての仕事に広元が精勤していたことは間違いないであろう。

反幕派源通親の台頭

建久三年に後白河が没し、兼実が朝廷政治を総覧するようになってから、しばらくの間朝幕関係は安定したものとなった。だが、後白河妃高階栄子《たかしなのえいし》（丹後局《たんごのつぼね》）と源通親の思惑による建久七年十一月の兼実関白罷免《かんぱくひめん》（いわゆる建久七年政変）、さらには建久九年（一一九八）正月に頼朝の意向を無視してなされた後鳥羽天皇の土御門《つちみかど》天皇（通親の外孫《がいそん》）への譲位、通親の後鳥羽院別当就任といった朝廷内の出来事が、朝幕関係に新たな緊張をもたらした。『玉葉』『愚管抄』の記述からは、反幕派公卿の代表ともいうべき通親の勢力の伸長を恐れる頼朝が、建久九年頃に自ら上洛して兼実の政権復帰をはかる動きを見せていたことをうかがうことができる。

頼朝の急死

もしこの上洛が実現していたならば、朝幕交渉における広元の手腕がどのような形で発揮されたか誠に興味深いところであるが、建久十年（一一九九、四月二十七日に正治《しょうじ》に改元）正月十三日に、前年末に落馬した時の傷が原因となって頼朝が急死したことが事態を一変させた。

三左衛門の変

朝廷と幕府の緊張関係が持続する中、頼朝が亡くなった直後の二十二日前後に、後藤基清・中原政致・小野義成という三人の武士による通親襲撃未遂事件（三人がいずれも左衛門尉であったことから「三左衛門の変」とよばれた）が起きる。事件の背景は不詳であるが、この頃公家政権内で通親と対立関係にあった一条家の思惑と幕府内にくすぶる反通親感情が引き起こした事件であることは疑いないだろう。だが、通親より事件の報を受けた幕府は、通親を支持する方針を明確にし、事件を起こした三人の武士は処断される。すでに触れたことだが、『愚管抄』には、事件後の幕府の方針決定は、広元が通親の「方人（味方）」であったことによると記されている。

通親との親密な関係

広元と通親の関係の親密さはかなりのものであったといえるだろう。広元が公家政権内の政治勢力分布を認識した上で、公家政権の実力者となった通親との融和をはかる現実的な対応を選択したという面もあるだろうが、かつて頼朝の意に反してなされた任官における通親の助力に対する恩義を、広元が長く心に留めておいたことの表われといえるかもしれない。

『明月記』の記事

また、この時期の広元と通親の関係を示唆するものとして、『明月記《めいげつき》』正治元年八月八日条に、奉幣使《ほうべいし》としての伊勢発遣を九日後に控えた新大納言《だいなごん》源通資《みちかた》（源通親の弟）が、「今夜より広元玄蕃《げんばの》頭《かみ》二条宅に坐す」という記事が見えることがあげられる。広元の官途《かんと》はこの時「玄蕃頭」ではなく「兵庫頭」であり、この記事の「広元」を大江広元と判断することには慎重さを要する。ただ『明月記』には大江広元に関する記述が比較的多く見受けられるし、官途の表記に関しては記主藤原定家《ていか》の思い違いと考えればよいのではないか。ここでは『明月記』の記事から、広元の京都での宿所が二条にあったことを読み取るとともに、通親の縁者が広元の宿所に入っていることを、広元と通親の関係の親密さによるものと理解しておく。ただし、この記事は、必ずしも広元自身の在京の事実を示すものではない。

頼朝の急死は、広元たち幕府首脳たちに、幕府支配体制の維持継続という大きな課題を投げかけ、頼朝とともに草創期を生き抜いた広元の生涯にも大きな激動が襲うこととなる。

第六　将軍頼家の時代

鎌倉殿源頼家

頼朝《よりとも》の次の鎌倉殿《かまくらどの》となったのは、長子頼家《よりいえ》であった。頼家を父の後継者として承認する建久《けんきゅう》十年（一一九九。四月二十七日に正治《しょうじ》に改元）正月二十六日の宣旨《せんじ》が鎌倉に到着したことをうけて、二月六日に頼家吉書始《きっしょはじめ》の儀がとり行なわれた。三善康信《みよしやすのぶ》が起草し中原仲業《なかなり》が清書した「武蔵《むさし》国海月《くらき》郡」に関わる吉書が、広元の手より頼家のもとに進上され、第二代鎌倉殿頼家の側近としての広元の仕事が始まった。三月六日には頼家の当年属星祭《しょくせいさい》（人の一生を支配するとされる星を祭る陰陽道《おんみょうどう》の儀式）の執行を京都の陰陽師安倍資元《あべのすけもと》に命じる仰せを奉じ、三月二十三日には六ヵ所の伊勢神宮領の地頭《じとう》を停止する旨を神宮祭主《じんぐうさいしゅ》に伝えており、鎌倉殿側近としての広元の立場は、頼朝将軍の時代とまったく変わるところはなかった。

頼家の権限を制約

だが、幕府支配体制における頼家の立場の方は、父頼朝のそれそのままに保たれたわけではない。頼家の政治指導力に大きな不安を覚えた母北条政子《まさこ》や有力御家人《ごけにん》たちは、

評定衆の原形

四月十二日に、幕府に持ち込まれた訴訟に対して頼家が直接判決を言い渡すことを禁じ、有力御家人十三人の合議をふまえて幕府の意志決定がなされる制度を作りあげた。後の幕府合議体である評定衆《ひょうじょうしゅう》の原形の成立である。合議体を形成する十三名には、政子の父時政《ときまさ》・弟の義時《よしとき》、三浦義澄《よしずみ》・八田知家《はったともいえ》・和田義盛《よしもり》・比企能員《ひきよしかず》・安達盛長《あだちもりなが》・足立遠元《あだちとおもと》・梶原景時《かじわらかげとき》といった東国の豪族級御家人、そして広元以下三善康信・中原親能《ちかよし》・二階堂行《ゆき》政《まさ》といった実務官僚が顔をそろえていた。

源頼家像（建仁寺蔵）

幕政参画の新たな課題

初代将軍頼朝は、その専制権力を行使するにあたり北条時政たち「武士」と広元たち「文士」をたくみに使い分けており、広元はおおむね頼朝の意向に留意することのみによって実務をこなすことができた。しかし頼家の代になり、将軍の意志とともに有力御家人集団の意志に配慮することが、幕政に参画するにあたる上での広元の新たな課題となっていったのである。

正治元年の末近くになり、頼朝の代と同様に頼家への諸事取り次ぎ役を勤める広元を大いに苦悩させる、誠に厄介な問題が生じた。頼朝に重用され侍所《さむらいどころ》所司《しょし》（次官）の地位にあった梶原景時《かげとき》が、他の御家人たちの厳しい糾弾《きゅうだん》を受けるという事件が起きたのである。

梶原景時の讒言

事件の発端は、景時が結城朝光《ゆうきともみつ》を頼家に讒言《ざんげん》したことであった。これに怒った六十六名の有力御家人が結束して景時を糾弾する書状を作成し、十月二十八日に、書状は和田義盛・三浦義村《よしむら》の二人の手から広元に提出される。景時は、その弁舌の巧みさもあって、しばしば他者の失策や短所をあげつらい、多くの人々の反発を買ってきた人物であった。御家人たちの景時への反感は、頼朝の時代にはまだ潜在的なものであったが、頼家の代になって一気に表面化したのである。

御家人たちの連署状

『吾妻鏡《あずまかがみ》』正治元年十一月十日条には「兵庫頭《ひょうごのかみ》広元朝臣《あそん》、連署《れんしょ》状景時を訴え申す状を請け取るといえども、心中ひとり周章《しゅうしょう》す。景時が讒佞《ざんねい》においては左右《そう》に能《あた》わずといえども、右《う》大将軍《だいしょうぐん》（頼朝）の御時、親しく昵近《じっきん》の奉公をいたす者なり。たちまちにもって罪科せられんこと、もっとももって不便の条、ひそかに和平の儀を廻《めぐ》らすべきかの由《よし》猶予するの間、いまだこれを披露《ひろう》せず」（広元は、景時を訴える連署状を請け取ったが、内心当惑した。景時の讒言行為ははっきりしているが、頼朝様の側近くに仕えていた者である。ただちに罰することは不都合であるから、何とか和議を成立させようとしているため、依然として頼家に連署状を取り次いでいない）と見える。

広元の態度

広元は、景時の行動に問題があることは十分に認識しつつも、挙兵以来頼朝の近くに仕えた寵臣《ちょうしん》である景時を断罪することに不安を感じ、書状を頼家に見せることを躊躇《ちゅうちょ》したのである。少し前の九月十七日には、御家人たちの勤めるべき京都大番役《おおばんやく》がおろそかにされていることに関して、広元は景時とともに職務励行の指示を諸国守護人に発したばかりであった。政所《まんどころ》・侍所という幕政の中心機構を共に支え合う者として、景時を糾弾する側に身をおくことは、広元にとって誠に忍びないものであったろう。

和田義盛の反発

だがこの日、侍所別当の地位にありながら所司景時に職権を侵害されがちであった和田義盛が、頼家御所で広元と面会し、広元がなかなか糾弾状を頼家に取り次ごうとしないことを知るや、「眼を瞋《いか》らせて」次のような言葉を発した。

貴客は関東の爪牙耳目《そうがじもく》として、すでに多年を歴《へ》るなり。景時一身の権威を怖れ、諸人の鬱陶《うっとう》をさしおくは、いづくんぞ憲法に叶わんや。

関東の爪牙耳目

幕府を支える御家人たちの意向に逆らい、景時の威勢を恐れて御家人たちの不満を無視することは不当である、という義盛の主張である。広元の役割を評価する一方で、広元を介在させなければ鎌倉殿に意志を伝えることがかなわない状況へのいらだちを反映した言葉といえるだろう。なお、「関東の爪牙耳目」(手足となって働く者)という義盛の表現は、御家人たちの広元観を端的に示していて興味深い。

頼家に糾弾状を取り次ぐ

景時を追討

広元の立場を逆手にとった義盛の恫喝《どうかつ》に屈し、しぶしぶながら広元は、十一月十二日になってようやく御家人たちの梶原景時糾弾状を将軍頼家に取り次いだ。頼家は景時に弁明を命じたものの、景時たち梶原一族の運命はもはや定まったも同然であった。十二月十八日に景時は鎌倉を追放され、翌正治二年(一二〇〇)正月二十日、広元・北条時政・三善康信らは、相模《さがみ》国一宮《いちのみや》(寒川社《さむかわしゃ》)に城郭を構え武力抵抗の姿勢を見せる景時に対する追討を決定し、上洛《じょうらく》を試みた景時らは、駿河《するが》国でその日のうちに討たれている。

広元の微妙な立場

二十三日に広元は、景時追討の記録を頼家の御前で読み上げ、翌二十四日には、景時残党の捜索を在京武士の大内惟義《これよし》・佐々木広綱に命じる頼家御教書《みぎょうしょ》を書いている。景時追討の報は二月一日に京都に伝えられ、『玉葉《ぎょくよう》』二月二日条には「景時討伐必然とうんぬん」という記述が見える。景時追討事件は、鎌倉殿の意志と有力御家人の総意の間に立つ広元の微妙で危うい立場を浮き彫りにしたといえよう。将軍と御家人集団のはざまの立場にある広元の苦慮が、はやくも始まったのである。

掃部頭に任官

大膳大夫任官の時期

正治元年から翌二年にかけての広元の任官歴について述べよう。広元は、正治元年十二月九日に掃部頭《かもんのかみ》に任じられているが（『明月記《めいげつき》』十二月十日条）、『尊卑分脈《そんぴぶんみゃく》』『系図纂要《けいずさんよう》』には、二十二日に「大膳大夫《だいぜんだいぶ》・直講《じきこう》を辞して掃部頭となった」と見える。広元が掃部頭となるにあたり辞した官は「兵庫頭」であるとしか考えられないから、『尊卑分脈』『系図纂要』の記事は誤りということになる。だが、『吾妻鏡』の広元の官途《かんと》の表記を見ると、正治二年二月から四月にかけて「掃部頭」であるが、五月以降は「大膳大夫」（もしくはその唐名の「大官令」）となっている。広元の大膳大夫任官の日時は明確にできないが、比較的短期間の間に、兵庫頭より掃部頭、さらに大膳大夫へといった官職の変遷があったものと思われる。

頼家の蹴鞠好き

広元は、正治二年二月二十六日の頼家鶴岡《つるがおか》参詣の御後衆《ごこうしゅう》をつとめ、六月十六日には、京の蹴鞠《けまり》者を自邸の「後山麓」に新造した屋（『吾妻鏡』には「山水あり。立石あり。納涼逍遥《しょうよう》の地なり」と表現されている）に呼び寄せ、頼家を招いて勧盃管弦《けんぱいかんげん》の儀と蹴鞠が行なわれている。頼家は大の蹴鞠好きだった人物で、広元の頼家への奉仕は誠に配慮の行き届いたものであるといえよう。

蹴鞠師範紀行景を案内

蹴鞠の話につけ加えると、翌年の建仁《けんにん》元年（一二〇一）九月九日には、二日前に京より自邸に着いた蹴鞠師紀行景《きのゆきなが》を、頼家御所に案内している。行景は、後鳥羽《ごとば》上皇の仰せによって頼家の蹴鞠師範となるべく鎌倉に下向《げこう》してきた人物で、途中の駅路雑事は広元が沙汰していた。

広元の頼家への奉仕という点に関しては、次のような出来事もあった。時間はさかのぼるが、正治元年八月十九日に、頼朝の近習《きんじゅう》であった安達景盛《かげもり》が、頼家に妾《めかけ》を奪われたことを幕府に訴えたところ、頼家は逆に景盛を討伐する決定を下し、母政子に強く諫められた。事件の真相は、頼家が、自らの側近である小笠原弥太郎・比企三郎・比企弥四郎・中野五郎・細野四郎・和田朝盛《ともも り》らの力を得て、先代の側近の排除をはかったというあたりに求められようが、この騒動の中で、広元は「(頼家が起こした)このような事には、古い類例がないわけではありません。「鳥羽院(白河院《しらかわ》の誤り)」が寵愛《ちょうあい》した祇園女御《ぎおんにょうご》は、源仲宗《みなもとのなかむね》の妻でしたが、女御を院御所に召した後、院は仲宗を隠岐《おき》国に配流《はいる》したということです」という意味の言葉を述べている。

今にも鎌倉殿が御家人の一人を討伐しようかという時に、広元が傍観者のごとく故事を述べたわけではなかろう。先例のある行ないであることを示唆して頼家の行為を相対化し弁護しようとしたものと思われる。将軍側近の立場を貫くことが、広元と御家人集団との緊張の要因となりうるものであることが、この出来事からも推察できるだろう。

長子親広

頼家の時代には、広元の長子である親広《ちかひろ》が、父とともに頼家側近としての活動を行なうようになる。『吾妻鏡』における親広の初見は、正治二年（一二〇〇）二月二十六日の頼家の鶴岡八幡宮参詣に、広元とともに御後衆をつとめた記事である。親広は、諸史料の中

源通親の養子

では一貫して源姓で登場している。その理由は、『江氏家譜《ごうしかふ》』に「久我《こが》内大臣通親《みちちか》公の猶子《ゆうし》となり、源を号す」とあるように、源通親の養子となったことに求めることができる。もっとも『尊卑分脈』にはこの件に関する該当記事が見えず、親広が通親の養子となったことを明記する良質な史料はない。逆に『安中坊系譜《あんちゅうぼうけいふ》』のような史料には「摂《せっ》津《つ》源氏の武士である多田行綱《ただゆきつな》が親広の外祖父《がいそふ》であったことによる」という説明が見えるが、広元と通親の緊密な関係や、親広の「親」の字が通親に通じるものなどを考慮すれば、親広と通親の養子関係は事実であったと考えてよいだろう。

頼朝の朝廷交渉のパイプ役

すでにたびたびふれてきたように、通親は、頼朝に近い公卿《くぎょう》である九条兼実《かねざね》の政敵ともいうべき存在であり、広元と通親のこれほどの近い関係は一見奇異にもとれるが、頼朝にとって、朝廷との交渉のパイプ役は兼実に限られていたわけではなく、広元の存

五節に童女を献じる

在を利用して頼朝と通親との結びつきが確保されていた面もあったのだろう。通親と広

元との関係の問題についてさらにつけ加えると、正治二年十一月十五日の五節《ごせち》に、通親の命によって広元が参議《さんぎ》藤原公国《きんくに》の舞姫に付き従う童女を献じ、「毎事華美殊勝」との評を得た話が確認できる（『明月記』十一月十四日条・十五日条）。なお、広元が童女を献じたのは、彼の娘が公国の室であった縁によると考えられるが（国立歴史民俗博物館所蔵『田中穣氏旧蔵典籍古文書』所収の「六条八幡宮別当補任《べつとうぶにん》次第」による）、その点は、広元の子孫についてまとめた章であらためてふれることにする。

頼家の弱小御家人救済策

十二月二十八日に頼家は、諸国の田文《たぶみ》（土地台帳）を召し、治承《じしょう》・養和《ようわ》年間以降の恩給《おんきゅう》地《ち》で五〇〇町を超える分の御家人所領をけずって零細《れいさい》な御家人たちに分け与える方針を政所に指示した。この頼家の指示は、経済的に没落する御家人が増加して幕府の軍事基盤が弱体化することを防ごうとする、それなりに筋の通ったものだった。

有力御家人の抵抗

この時頼家は、広元の実務能力に大いに期待したに違いないが、広元ら幕府の「宿《しゅく》老《ろう》」は、頼家の指示を「珍事」、「人の愁《うれい》・世の謗《そしり》」の基ととらえ、問注所執事《もんちゅうしょしつじ》三善康信の強い諫言《かんげん》によって、結局沙汰やみにしている。三善康信が地頭職《じとうしき》を保有していた備《びん》後《ご》国太田荘《おおたのしょう》は五〇〇町を越える所領であったから、彼にとって頼家の指示は決して他人事ではなく、既得権を侵害される有力御家人たちが頼家に抵抗したのも当然であった。

その点は、五〇〇町の規模をもつ肥後《ひご》国球磨《くま》郡の「鎌倉殿御領」の預所《あずかりどころ》をはじめ多くの所領を持つ広元にとっても同様であったが、はたして彼が、他の「宿老」とまったく同様の態度で頼家の政策に抵抗したかどうかは分からない。

内々御沙汰

頼家はこの指示を出すにあたり、あらかじめ「内々御沙汰」に及んでいたというから、あるいは広元との間で何らかの協議をしていた可能性がある。『吾妻鏡』の記述によるかぎり、広元は有力御家人集団の側に立った形となっているが、あるいは将軍と有力御家人のはざまにあって当惑していたというのが実態かもしれない。

頼家の征夷大将軍任官

頼家は、建仁二年（一二〇二）七月二十二日に征夷《せいい》大将軍《たいしょうぐん》に任じられて父頼朝の地位を受け継ぐこととなったが、自らの権限が有力御家人に奪われ、命令も実行にうつされることのない状況の中、次第に幕府政治への意欲を失い、趣味の蹴鞠に連日興じる生活を送るようになった。そのような頼家に対し、御家人たちもまた頼家を見限りはじめていた。

頼家の重病

このような事態が徐々に表面化する中、建仁三年（一二〇三）三月に頼家が重病を患い七月に危篤になったことで、頼家の後継者問題がにわかに切実なものとなった。なお、『愚管抄《ぐかんしょう》』巻六には「頼家ガヤミフシタル（病み伏したる）ヲバ、元ヨリ広元ガモトニテ病セテソレニスヱテケリ」と見え、頼家は広元の邸で療養していたことが知られる（このことはなぜか『吾妻鏡』に所見がない)。

頼家の後継者

第三代将軍となって頼家の跡を継ぐべき候補としては、二人の人物が目されていた。頼家の長男一幡《いちまん》(六歳)と頼家の弟千幡《せんまん》(十二歳、実朝)である。八月二十七日、頼家の母北条政子たち幕府の指導層は、一幡に関東二十八ヵ国地頭と日本国惣守護職《そうしゅごしき》を、そして千幡に関西三十八ヵ国地頭を譲るという決定を下した。一種の妥協的措置であり、複数の頼朝の血縁者が幕府支配権限を分かち合うことで、源氏将軍の統治を安定的に維持しようとしたのである。

比企氏の乱

だがこの決定に反発したのが、頼家の妻で一幡の母である若狭局《わかさのつぼね》の父比企能員《ひきよしかず》である。頼朝挙兵以来の功臣で武蔵国の有力御家人である比企氏一族が、将軍外戚《がいせき》としての自分たちの権威を半ば損ねることを意味する政子たちの決定に異を唱えたのも当然であった。このようにして比企氏と北条氏の利害が真っ向から対立したことが、いわゆる「比企氏の乱」とよばれる事件のきっかけである。

事件の顛末

事件の内容を記す『吾妻鏡』建仁三年九月二日条によれば、比企氏一族が頼家と共同して北条氏一族を討つ計画を立てたところ、この計画を政子が知り、北条時政は先手を打って比企能員を自邸に呼び出して暗殺し、若狭局・一幡もろとも比企氏一族を滅ぼしたことになっている。北条氏の行動を正当化する『吾妻鏡』の記事に無条件に従うことはもちろんできず、時政と政子が、頼家没後も将軍外戚としての北条氏の立場が維持できる新たな「鎌倉殿」を確保するべく、千幡に対抗する勢力を意図的に葬り去ったというのが、事件の真相であろうと思われる。

北条時政の相談に応じる

比企氏一族の墓

『吾妻鏡』同日条の広元の行動に関する記述を見よう。北条時政が広元邸におもむき、比企一族の横暴な振る舞いぶりと「逆謀」を企てている事実を語り、討伐の方針を示して意見を求めたところ、広元は次のように答えたという。

幕下将軍の御時以降、政道を扶《たす》くるの号あり。兵法においては是非を弁ぜず。誅戮《ちゅうりく》するや否や、よろしく賢慮《けんりょ》あるべし。（私は、頼朝様以来政道を補佐するものではありますが、兵法のことはよく分かりません。比

企氏を討伐するかどうかについては、賢明な判断を下すべきです）

文士の立場で意見する

「文士たる自分が合戦のことについて意見を述べることはできない」とした上で、慎重な態度を求める微妙な返答である。時政は、この言葉を比企討伐容認と解したらしく、ただちに合戦に臨む姿勢を見せ、政子邸（名越殿《なごしどの》）で協議がなされ、広元も招かれた。

広元の護衛飯富宗長

広元は、随行を申し出る家人たちをおしとどめ、飯富宗長《いいとみむねなが》一人をともなってしぶしぶ政子邸に向かっている。宗長は本名を宗季《むねすえ》といい、平家方の侍大将源季貞《すえさだ》の子であったが、武芸と弓矢作りの技術を頼朝に買われて御家人に列することを許されたというユニークな過去を持つ人物である。この頃までに、頼朝あるいは頼家の指示で広元の身辺護衛役を任されていたのであろう。

政子邸に向かう

広元は政子邸に向かう途中、宗長に「世上のていたらく、もっとも怖畏《ふい》すべきか。重事においては、今朝細砕《さいさい》の評議を凝《こ》らされおわんぬ。しかるにまた恩喚《おんかん》の条、はなはだその意を得がたし。もし不慮の事あらば、汝《なんじ》まず予を害すべし」（世上は不穏で、恐ろしい。今朝十分な協議をしたばかりだというのに、また召集されるというのは、誠に納得がいかない。何か不慮の出来事が起きたら、お前はまず私を殺しなさい）と述べたという（ちなみに、北条本『吾妻鏡』の原文は「予を害すべし」だが、吉川本ではただ単に「害すべし」となっており、「相手を殺せ」というさらに物騒《ぶっそう》な表現にも解しうることになる)。時政との話を終えた後に再び呼び出しを受けたことに、広元は身の危険を感じ取ったのである。物騒な広元の仰せを受けた宗長は、政子邸での協議の間ずっと広元の後ろに控えていたという。

身の危険を察する

頼家の乱への関与

すでに記したように、頼家は広元の邸で療養していた。その頼家が比企氏の陰謀に関与していたのかどうかを、広元は十分に認識していたにちがいない。いやむしろ頼家は潔白であると広元は確信していたろう。そして、景時追放の時と同様に、頼朝の幕府草創を支えた有力武士が軽々しく討伐されることに疑問をいだいていた広元は、北条氏の行動に全面的に同意することができなかったのだろう。比企氏討伐における広元の立場は、北条氏にとってかなり不都合なものだったのであり、それ故に広元は自身の危険な状況を察知していたのだと考えられる。

頼家を追放

「比企氏の乱」の鎮圧によって、頼家は完全に孤立した。奇跡的に病の癒《い》えた頼家は、必死の抵抗を試みて、比企一族を滅ぼした責任を追及して北条時政の追討を和田義盛に命じたが、義盛が時政の側についたことで万策《ばんさく》が尽き、九月に頼家は追放される。頼家追放に関して『吾妻鏡』は、「遠州(時政)・大官令(広元)等、沙汰を経らる」と記す(九月二十一日条)。その心中はどうあれ、広元は将軍の追放を決定した御家人の評議に加わったのであり、彼のスタンスは、いやおうなく将軍側近から有力御家人合議集団の一員へと重心を移し始めることとなったのである。

第七　将軍実朝と北条氏のはざまで

一　北条時政との関係

実朝の征夷大将軍任官

将軍の座を追われた頼家《よりいえ》の跡を受けて、弟実朝《さねとも》が新たな将軍となった。広元は、建仁《けんにん》三年（一二〇三）十月八日の実朝元服《げんぷく》の儀に着座し、翌九日には実朝家政所吉書始《まんどころきっしょはじめ》に別当《べっとう》として参仕し、実朝側近としての活動を始める。この時、実朝の「出御《しゅつぎょ》の儀」はなく、「簾中《れんちゅう》」において吉書を覧じている。彼が十二歳と若年だったためである。

北条時政が政所別当に就任

実朝将軍の時代が始まった段階での広元と時政《ときまさ》の政治的立場について、少し立ち入って検討してみよう。実朝政所の別当には、北条時政が新たな別当となり、広元と肩をならべることとなった。これ以前にも、広元のみが将軍家の政所別当の地位についていたわけではなかったが、平盛時《たいらのもりとき》・源邦業《みなもとのくになり》・二階堂行政《ゆきまさ》といった広元以外の政所別当たちは、あくまで官僚機構内での広元の同僚にすぎず、在京中の広元の職務代行者とし

「執権」の語

北条時政像（願成就院蔵）

ての性格も濃かった。時政の別当就任は特別な政治的意味を持つもので、幕府内における北条氏の地位を強化するべく、将軍家政所にも基盤を置くことをはかったと評価できる。

ただし、この時点での北条時政の立場を、幕政を主導する強大な権力者のように理解することは適当ではない。多くの教科書・概説書・事典類には、実朝が将軍となった建仁三年に、北条時政が「初代の執権《しっけん》となった」と記されている。確かに、実朝の政所吉書始の様子を記す『吾妻鏡《あずまかがみ》』には、「次第の故実、執権ことごとくこれを授け奉《たてまつ》る」と見えるが、文脈の上からは、この「執権」を時政と理解する必然性はない。故実の伝授は、むしろ「文士」の役割にふさわしいものともいえるから、「執権」とは広元を指している、あるいは広元・時政両者の立場を「執権」と称したと理解することすら不可能ではない。したがって、「関東執権」（『尊卑分脈《そんぴぶんみゃく》』）・「鎌倉執権」（『帝王編年記《ていおうへんねんき》』）などといった広元を「執権」と称する諸史料の記述は、あながち後世の比喩《ひゆ》的呼称とはいい切れないのである。

実朝の幕政への意欲

また、時政の政所別当就任によって、将軍実朝の親裁権が否定されたわけではなかった。翌年の元久《げんきゅう》元年（一二〇四）五月十九日、広元は実朝の命を受けて、御家人《ごけにん》たちが提出した頼朝《よりとも》発給文書の筆写実務を指揮している。この指示は、父頼朝の下した処置や裁きの趣旨を学ぼうとしたものであり、時政や広元たちの力に支えられながらも、将軍として幕政を自ら総覧しようとする実朝の意志のあらわれであった。

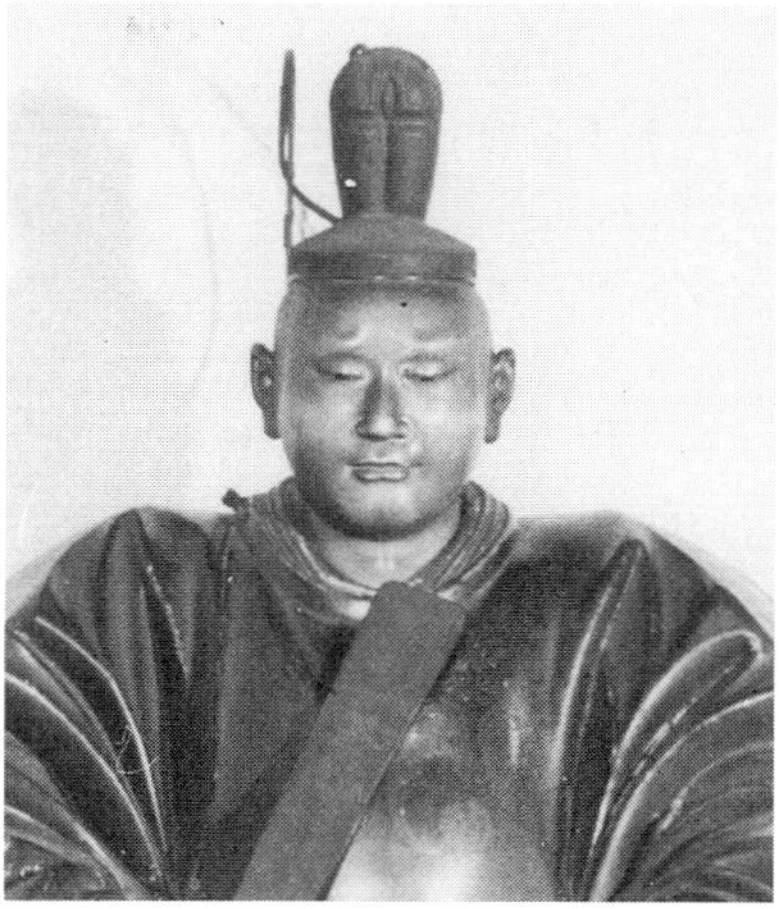

源実朝像（大通寺蔵）

実朝の御前沙汰

実際に実朝は、七月二十六日に、安《あ》芸《き》国壬生《みぶ》荘地頭職《じとうしき》をめぐる山形為忠《やまがたためただ》と小代八郎の争論を直々《じきじき》に沙汰《さた》している。「これ将軍家直《じか》に政道を聴断せしめ給うの始めなり」と『吾妻鏡』が記すこの日の実朝の御前沙汰《ごぜんざた》に、広元は時政とともに候している。

広元と時政の並立

むろん、頼朝以来の将軍外戚《がいせき》という時政の立場には、決して無視することのできない重みがあった。時政と広元は、それぞれ性格の異なる権威に依存して、ともに実朝の政務を補佐する地位についたと評価できるだろう。なお、建仁元年十月八日の実朝元服の儀において、北条義時《よしとき》と大江親広《おおえのちかひろ》、すなわち時政と広元のそれぞれの嫡子《ちゃくし》がともに陪膳《ばいぜん》をつとめているが、これもまた将軍家政所別当として時政と広元が並び立ったことを象徴するものである。以後の広元は、いかにして時政たち北条氏一族との協調関係を保ちながら幕府の政治を運営していくか、という新たな課題を負うこととなったのである。

関東争乱の情報

『明月記《めいげつき》』元久元年正月二十八日条に、広元に関わる奇怪な風聞が流れ京都が騒然となったとする、次のような記述が見える。

京より下人《げにん》等来りていわく、「関東乱逆す。時政、庄司次郎《しょうじ》（畠山重忠《しげただ》）の為敗られて、山中に匿《かく》る。広元、すでに誅《ちゅう》に伏す。この事により広元の縁者等騒動す。京中迷惑し雑物《ぞうもつ》を運ぶ」と云々。

広元誅殺は誤報

「鎌倉で謀叛が起こり、時政は畠山重忠に敗れて山中に逃れ、広元はすでに殺害された。そのため広元の縁者が京中で騒動を起こした」というのである。後にこの報自体はデマと分かるのだが、根も葉もないまったくの誤報であるのか、あるいは武蔵《むさし》国の有力武士である畠山重忠と北条時政の関係に関する何らかの情報に根拠を持つ風聞であったのか、真相は不明である。だが結果的にこの風聞は、翌年の関東での政変に関する暗い予言として的中することとなる。

畠山重忠という人物

元久二年（一二〇五）に起きた「畠山重忠の乱」の背景を説明するためには、ふたたび比《ひ》企《き》氏の乱の頃まで時間をさかのぼらせる必要がある。比企氏が滅ぼされるまで、幕府の武蔵国支配は、知行国主《ちぎょうこくしゅ》源頼家―国守平賀朝雅《ひらがともまさ》―惣検校《そうけんぎょう》畠山重忠という指揮系統の下に行なわれていた。この体制に関して、朝雅が時政の後妻牧《まき》の方《かた》の娘婿であったのに対し、重忠が時政の先妻の娘婿であったことが重要な意味を持つ。

武蔵国支配をめぐる軋轢

建仁三年十月三日に平賀朝雅が京都守護として上洛《じょうらく》したのを機に、将軍実朝は武蔵国務を時政に委ねたが、これは、比企氏という武蔵国の有力御家人が滅亡した後に同国への進出をねらった時政の意図によるものだった。しかし、武蔵国の支配系統をめぐるこの変化は、在庁官人を束ねる惣検校として長く武蔵国の在地支配権を掌握してきた畠山重忠と時政との間に軋轢《あつれき》を生じさせる契機となった。先にふれた『明月記』にみえる風聞に何らかの根拠があるとするならば、このあたりの事情が関係してこよう。やがて、

畠山重忠の乱

重忠の子重保《しげやす》と平賀朝雅の不和対立が生じたことを利用した時政・牧の方の計略により、

六月二十二日、重忠は武蔵国二俣川《ふたまたがわ》におびき出され討たれる。以上、いわゆる「畠山重忠の乱」の概略である。

広元と北条氏の協調体制

ここであらためて『明月記』に見える風聞を思い起こすと、畠山重忠との対立の構図において、広元が時政と運命をともにしたことを当然視する内容であったことが注目される。頼家将軍期の比企氏討伐の時とは異なり、実朝将軍期になると、広元と北条氏が一体となって幕政にあたる体制が確立してきた、あるいは人々にそのように理解されていたことが読み取れるだろう。

二　和田合戦と実朝側近広元

牧氏事件による時政の失脚

畠山重忠が討たれた直後の元久二年（一二〇五）閏《うるう》七月、実朝を殺害して牧氏の女婿平賀朝雅を将軍位につかせようと謀《はか》った、いわゆる牧氏事件が発生した。連坐の責任を問われて時政が失脚し、その子義時が父時政の跡を受けて北条氏の族長となった後も、広元と北条氏の協調関係は変わることはなかった。

宇都宮頼綱の連坐疑惑

広元は、元久二年閏七月二十日の北条義時邸での評議に参加し、八月七日には、下野《しもつけ》

頼綱の陳状

国の御家人宇都宮頼綱《うつのみやよりつな》の牧氏事件への連坐疑惑に関する北条政子邸での評議に参加している。頼綱の謀叛に関する評議の後、広元は小山朝政《おやまともまさ》を召し、頼綱の企みを厳しく糾《きゅう》弾《だん》する言を述べた上で、その討伐を命じている。同じ下野国の武士として頼綱と親密な関係にあった朝政は、頼綱追討の任を辞退する一方、身の潔白を主張するよう頼綱に諭《さと》したため、十一日、頼綱は陳状《ちんじょう》（弁明書）を認《したた》めて義時に提出している。

「清談を凝らす」の意

通常ならば、御家人たちが将軍に何らかの要求や意見を伝えるべく作成された文書は、広元の取り次ぎを経るところである。ところが頼綱は「大官令（広元）のごときは、清《せい》談《だん》を凝《こ》らす。御報あたわず」と述べて、陳状を広元へ手交《しゅこう》しなかった。「清談」とは「不安定な政情のもとで、権力者から身をまもるため、抽象的な形而上学《けいじじょうがく》の議論に逃避したもの」（『日本国語大辞典』）の意だが、日ごろの広元の言動に対する頼綱の強い不信感が表われた言葉である。「清談を凝らす」という記述に関し、前田雅之氏は「口先だけの信用できない人間という頼綱の広元観が窺われるが、武士と官人の宿命的不和を感じさせる文言ではある」と指摘されている（前掲論文）。

頼綱の反感

梶原景時《かじわらかげとき》追放事件の際にも、和田義盛《よしもり》が広元に対し同様な不信の念をぶつけていたが、頼綱の場合、完全に北条氏の側に立つ広元の巧みな立ち回りへの反感もあったといえようか。

藤原保秀殺害犯の処罰

広元が義時と政治的結びつきを強めていくことは、義時が時政の後継者である以上当然ともいえるが、頼家の時代に、広元と義時の関係をめぐる興味深い出来事があったことを紹介しておこう。それは正治《しょうじ》二年（一二〇〇）四月十日の話で、京都における若狭前司《わかさのぜんじ》藤原保季《やすすえ》殺害の犯人の処罰に関し、広元が義時に諮問《しもん》したというものである。ちなみに広元の問いに対して、義時の子泰時《やすとき》が鮮やかな答えを返したことになっているが、それ自体は『明月記』の記事を用いて創作された『吾妻鏡』の泰時礼賛《らいさん》記事であると考えられる。この点については後述する。

北条義時の資質を信頼

正治二年頃の北条氏の当主は時政であり、広元が諮問する相手は時政となるのが自然であろう。しかし、この時広元がわざわざ義時に問いを発しているのは、義時個人の資質に対する信頼があったからとも考えられよう。義時は、時政とならんで、頼家の政治を補佐する有力御家人十三人の合議体の一員に加わっていた。あるいは、時政が政治的実権を握っていた時代に、すでに広元は義時を政治上のパートナーとして選ぶ準備を始めていたのかもしれない。

実朝の幕政運営の実態

将軍実朝の親裁権が完全に否定されたわけではないものの、幕府の政治運営は、事実上北条時政と広元を中心とする有力御家人の合議に担われていた。将軍となった実朝が幕政運営に力を振るうことができなかったのは、何より彼が若年であり（将軍任官時で十二歳）、いまだ公卿《くぎょう》の地位に達していなかったことによる。

球磨御領

建永《けんえい》二年（一二〇七）三月十四日に肥後《ひご》国球磨《くま》御領三ヵ村の沙汰を良峯師忠《よしみねもろただ》なる人物（永吉《ながよし》地頭平河氏の一族と考えられる）に認めた下文《くだしぶみ》（「永池文書」、鎌一六七三）は、袖に花押《かおう》が記された、いわゆる袖判《そではん》下文の様式を持つ。球磨御領は関東《かんとう》御領であり、また幕府関係文書で袖判を記すものは、鎌倉前期においてほぼ将軍に限られることを考えれば、この花押は実朝のものと考えたくなるが、花押の上部には「前大膳大夫《さきのだいぜんだいぶ》」と判読しうる文字が記されている。袖判に官途《かんと》が書かれることは珍しいから後の追筆と思われるが、『吾妻鏡』の記述を見る限り、広元は建仁三年（一二〇三）頃に大膳大夫の職を去っていたようで、「前大膳大夫」は球磨御領の預所《あずかりどころ》であった広元を指すものと考えられる。すなわち、この文書は広元が単独で発給した下文ということになる（以上の考察は、筧雅博「関東御領考」を参考とした）。このような広元の文書発給のあり方は、若年の実朝が自立した政治権限を行使できなかったことから説明可能である。

広元発給の下文

以上のように、実朝はいまだ「一人前の」将軍ではなかった。まさに広元は、実朝の権限の代行者だったのである（この頃、広元自身は政所別当の地位から離れていた。この点については後述)。しかし、成長とともに、しだいに実朝は政治的自覚を現わすようになった。承《じよう》元《げん》三年（一二〇九）に十八歳となり公卿の地位を得た実朝は、政所を基盤にしながら将軍として積極的に幕政を総覧する姿勢を見せ始める。

実朝発給文書の変遷

実朝将軍家政所下文の初見

実朝将軍期になってからの実朝の意志を伝える幕府発給文書の変遷を見ると、前述のように、しばらくの間、「下す」という書き出しと「鎌倉殿《かまくらどの》の仰せによって、下知《げち》くだんのごとし」という書き止めの文言を持つ特殊な様式の文書（下知状の一種と理解される）が用いられ、はじめは北条時政の単署、ついで政所職員である家司《けいし》五名の連署《れんしよ》が加えられた。そのような様式が最後に確認される例は、承元三年六月十六日の文書（「筑後《ちくご》和田文書」、鎌一七九四）であるが、翌月の七月二十八日には、「将軍家政所下す」という書き出しで始まり、政所の令《れい》・別当（五名）・知家事《ちけじ》・案主《あんず》が連署する正式の政所下文が発給されている（「宗像《むなかた》神社文書」、鎌一七九七）。この年の四月十日に実朝は従三位となって公卿に列せられているが（『公卿補任《ぶにん》』）、これを機に、実朝の発給文書の切り替えがなされたのだと考えられる。

実朝文書と広元

ところで、実朝発給文書における広元の存在を概観すると、建永元年（一二〇六）七月四日の実朝下知状（「参軍要略抄《さんぐんようりやくしよう》裏文書」、鎌一六二六）以降、その署判《しよはん》が見られなくなることが確かめられる。その一方で、三年後の承元三年七月二十八日の政所下文（前述した実朝政所下文の初見例）には、広元の長子親広が別当として署判している。すなわち広元は、建永元年までに、公式には政所別当から離れており、実朝が公式に政所を開設した段階で、長子親広を別当として政所に送り込んでいたのである。政所別当を離れた時点で広元は、当時としてはかなり高齢の五十九歳となっており、公的立場を一歩退いたとしても不思議ではない。頼家の時代と同様に、親広は将軍実朝の側近としても活動しており、広元から親広への世代交代は、着実に進行しつつあった。ただし、広元の幕府官僚としての活動そのものが見られなくなるわけではなく、実質的に政所の活動を後見するような立場にあったと見てよいだろう。

政所別当に長子親広

頼朝・頼家の時代と同様に、広元は実朝の側近としての立場を保ち続けた。広元にとって、北条執権勢力との協調関係を保つことは、将軍側近としての自らの立場とは決して矛盾するものではなかったのであり、将軍の指導力がしかるべき形で発揮されることは、幕府支配のシステムを維持し守り抜くために必須のことであると広元は考えていただろう。承元三年十一月七日に行われた実朝邸での酒宴の席で、広元が義時とともに、武芸を大事にして朝廷の警護に努めることこそが「関東長久の基」であると実朝に意見し

実朝への諫言

ていることは、広元の本音であったと思われる。

実朝の守護人施策

この諫言《かんげん》の効果のあらわれであろうか、実朝は幕府の軍事支配の要ともいうべき守護人に対する施策を進め、十一月二十日に、諸国守護人の緩怠《かんたい》の取り締まりと近国守護の補任下文に対する調査を和田義盛に命じている。広元もまた、この問題に関連して、十二月十五日に、補任下文となる頼朝下文を所持する近国守護人の地位を保証する通達発布を沙汰している。

文武の補佐役

この頃の実朝の動きを見ると、北条氏の後見にのみ依存するのではなく、和田義盛と広元という文武の両補佐役を指揮して幕政にあたろうとする姿勢がうかがえる。実朝が父頼朝の統治の先例を学んだことは前述したが、かつて頼朝が、北条時政と広元をバランスよく用いたことにならったものといえるだろう。

上総介任官を望む和田義盛

和田義盛の側もまた、実朝の信頼を得ていることを実感していたらしい。その表われといえるのが、承元三年五月二十三日に和田義盛が、「一生余執《いっしょうのよしゅう》」（生涯心に残って離れない執着）である上総介《かずさのすけ》（上総は親王任国《しんのうにんごく》であるため「介」が受領《ずりょう》に相当する）任官を望んで款状《かんじょう》を広元に提出したことである。その少し前の十二日、すでに義盛は上総介挙任《きょにん》を「内々」に実朝に望み申していた。だが、頼朝による侍《さむらい》身分の受領任官の禁令に抵触するため、実朝が政子との協議の上で判断を一時保留としたことにより、あらためて広元を通じた申請を行なうこととしたのである。

欵状を取り次ぐ

広元が御家人の欵状の取り次ぎ役を勤めていたことはすでに述べたとおりで、実朝将軍期の事例としてはこの他、承元元年（一二〇七）六月二日に、治承《じしょう》四年（一一八〇）の山木合戦以来の戦功に対する恩賞《おんしょう》を求める天野遠景《あまのとおかげ》の欵状を広元が取り次いだことが知られる。

頼朝以来の奉公

義盛もまた、宿願である上総介任官を果たすべく、この時はじめて「治承以降度々《たびたび》勲功事」を欵状に記して、正式の手続きによる申請を行なったのである。この頃の東国御家人の間には、頼朝以来の幕府に対する奉公への恩賞をあらためて実朝から受けようとする動向があったらしい。

和田義盛像
（「武者鑑」国立国会図書館蔵）

義盛は任官を断念

だが、結局義盛の望みは叶わなかった。一向に朝廷への推挙の動きがないことを見て義盛は任官を断念し、二年後の建暦《けんりゃく》元年（一二一一）十二月二十日になって、欵状の返却を広元に求めている。義盛は強く不満を抱いたに違いないが、広元はあくまで幕府の創始者頼朝の方針に忠実な態度を貫いたのである。

実朝の文化的関心

実朝に対する広元の奉仕のあり方を見ると、幕府権力の中心に君臨しようとする実朝の統治行為を補佐するだけでなく、和歌・故事に関する実朝の文化的関心に対する尽力が目立つ。

三代集を贈る

承元四年（一二一〇）五月六日、実朝が広元邸に渡御《とぎょ》して「和歌以下の御興宴」に及んだ際に、広元は三代集（「古今集《こきんしゅう》」「後撰集《ごせんしゅう》」「拾遺集《しゅういしゅう》」）を贈物に用意し、同年十月十五日には、かねてよりの実朝の所望《しょもう》に答えて、「聖徳太子《しょうとくたいし》十七箇条憲法」「守屋《もりや》逆臣跡収公田員数在所」など天王寺・法隆寺の重宝を進覧に供している。

実朝御所での絵合わせ

建暦二年（一二一二）十一月八日に実朝御所で「男女老若」が左右に分かれて行なわれた絵合わせでは、広元の献じた「小野小町一期盛衰事《おののこまちいちごせいすいのこと》」の絵が、結城朝光《ゆうきともみつ》の献じた「吾朝四大師伝」とともに実朝の高い評価を得て、「老方」勝利の結果をもたらしている。広元は独自の人脈を活かして京都より絵を取り寄せたのではないかと思われるが、面目躍如というところであろう。

藤原定家の和歌文書

実朝が和歌の才に優れていたことは有名である。建暦三年（一二一三。十二月六日に建保に改元）八月十七日、京都の藤原定家《ていか》より飛鳥井雅経《あすかいまさつね》を通じて鎌倉に送られた「和歌文書」

が、広元の宿所に到着したが、これは兼ねてからの実朝の希望によるものであった。飛鳥井雅経は広元の女婿にあたる人物であり、実朝の希望の実現には広元の力によるところが大きかったものと思われる。

宗教儀礼への奉仕

また広元は、諸国に百座仁王経《ひやくざにんのうきょう》の勤行《ごんぎょう》を命じる後鳥羽《ごとば》上皇の院宣《いんぜん》を受けて、建永元年二月二十日に、「相模《さがみ》国分」として鶴岡八幡宮《つるがおかはちまんぐう》での百座仁王経を、三善康信《みよしやすのぶ》とともに奉行《ぶぎょう》しており、また、建暦三年四月二十日には、実朝の「年来御素願」である南京十五大寺での衆僧供養・非人施行《せぎょう》に関する京・畿内御家人への指示を行なっている（ちなみにこれは、武家政権による最初の非人施行とされる）。これらは、公家政権の宗教儀礼の体系に連なろうとする実朝への広元の奉仕といえよう。

武王たるべく指南

一方で広元は、建暦元年十二月十日に、三善康信とともに「和漢名誉の武将」の事蹟を実朝に読み聞かせているように、故実に関する教養を活かした「武王」としての実朝の指南役をおろそかにしていたわけではない。しかし、総体的に見て、広元は「武王」ではなく「文王」としての実朝への奉仕に特に力を入れていたといってよいだろう。

従四位上に昇叙

広元は、建暦三年正月五日に従四位上に叙された（『明月記』。『尊卑分脈』『系図纂要』が正治二年十一月十九日のこととするのは誤り）。四位は、御家人の中では北条氏の嫡流のみがようやく昇叙《しょうじょ》可能な高位であり、一般御家人には到底望むべくもない栄誉であった。

垸飯儀礼の奉仕者

　朝廷官位や幕府諸機構における役職とは別の形で、御家人の幕府内での序列を考えるための有効な方法に、正月の将軍御所垸飯《おうばん》儀礼の奉仕者を探るというものがある。垸飯とは、主人（鎌倉幕府の場合は将軍）に家来（鎌倉幕府の場合は御家人）が祝いの膳を供する年頭の恒例行事で、特定の身分集団内の序列を確認しあう意味を持つ正月儀礼の代表である。具体的には、元日の垸飯を沙汰したものが第一位の序列に、二日の垸飯を沙汰したものが第二位の序列に位置する、といった具合である。

実朝将軍期における地位上昇

　広元が垸飯を沙汰したことが最初に知られる例は、正治二年（一二〇〇）正月四日のことで、すなわち当時の広元の御家人集団序列は第四位であったことが分かる。さらに広元は、建暦元年正月二日に垸飯沙汰人を勤めており、第二位の序列に位置づけられていた。以下、建暦二年も二位、そして建暦三年には元日の沙汰人を勤め、御家人序列の筆頭に上りつめている。実朝将軍期における広元の地位上昇を如実に反映した事実である。『吾妻鏡』は、翌年の建保《けんぽ》二年（一二一四）から承久《じょうきゅう》三年（一二二一）までの垸飯記事を欠いているが、貞応《じょうおう》元年（一二二二）正月三日には四代将軍頼経《よりつね》御所での垸飯を勤めており、その間一貫して上位の御家人内序列を維持していたことは間違いないだろう。

親広の地位も高まる

ちなみに承元《じょうげん》五年（一二一一）正月一日に北条義時が垸飯を沙汰した際、広元嫡子の親広が調度《ちょうど》の役を勤めており、さらに親広は二日に父広元が沙汰した垸飯においても御剣役を奉仕している。広元の御家人内序列の上昇にともない、彼の後継者たる親広の地位も高まってきたことがうかがえる。

親広は武蔵国国務を掌握

建暦三年九月一日に、源親広は、地主職をめぐる争論を裁定して日奉《ひまつり》直高を勝訴とする下文を武蔵国多西《たさい》郡内二宮《にのみや》神官・百姓等宛に発給している（「薩摩川上忠塞一流家譜」、鎌二〇一七）。この時の源親広は武蔵守ではなく遠江守《とおとうみのかみ》であり（ただし、建保六年までには武蔵守となっている）、武蔵守には北条時房《ときふさ》が補任されていた。親広が、武蔵国二宮（小河《おがわ》大明神）をめぐる所領争論を裁定しているのは、彼が武蔵国の国務を掌握していたからに他ならない。武蔵国は関東御分国《ごぶんこく》であり、知行国主は将軍実朝であった。親広が、武蔵守時房をさしおいてまで知行国主実朝より武蔵国の国務を任されていたことは、実朝の親広に対する信頼の度合いの大きさを示している。

和田氏の乱

幕府内での大きな権力闘争も見られることなく、しばらくの間は比較的平穏な実朝将軍の世が続いていたが、広元が御家人の中での最高位の序列を得た建保元年（一二一三）に、再び幕府を揺るがす事件がおきた。いわゆる和田合戦（和田氏の乱）である。

義盛の政治力

実朝将軍の時代、和田義盛は執権北条義時に対抗するだけの政治力を持っていた。前述した通り、実朝は執権義時の補佐だけに依存して政務をとっていたわけではなく、むしろ侍所《さむらいどころ》を基盤とする和田義盛と政所を基盤とする大江広元を指揮して幕政にあたっていたといってよかった。広元との協調を保ちつつ幕府内の地位を保とうとする義時たち北条氏にとって、和田氏一族はまさに邪魔者である。そこで義時は、和田氏に対する度重なる挑発によって、討伐の口実を得ようとはかった。

実朝暗殺の陰謀に連坐する和田一族

二月、信濃《しなの》国の御家人泉親衡《いずみちかひら》が実朝殺害の陰謀をめぐらしていることが発覚すると、義時はこれを絶好の機会ととらえ、義盛の子である義直《よしなお》・義重《よししげ》さらに義盛の甥である胤《たね》長《なが》といった和田氏一族の武士たちを陰謀に連坐した罪で捕らえ、重罰に処した。父の勲功に免じて義直・義重たちこそ罪を許されたものの、老齢をおして上総国伊北《いほう》荘より鎌倉に参上した義盛の懸命の嘆願もかなわず胤長は赦免《しゃめん》されず、屈辱的な仕打ちを与えられた後に陸奥《むつ》国へ流され、所領は没収されて北条義時の手に帰した。

和田一族の滅亡

義盛は、この義時の処置に大いに怒り、五月二日、三浦義村《よしむら》の支援を頼みに武蔵国横山党の武士団とともに義時打倒の兵をあげた。だが、義村の突然の変心によって和田氏一族は孤立し、鎌倉を舞台とした激しい戦闘の末に、あくる三日に義盛は討たれ一族のほとんどが滅亡した。

広元の動向

この和田氏の乱における広元の動きを見ることにしよう。広元は、二月十五日に泉親衡の謀叛に関わる協議を義時と行ない、三月九日には和田義盛からの胤長赦免申請を取り次いでいる。これらは、いずれも広元の日常的業務にあたる。

義盛挙兵を告げに将軍御所に行く

だが、義盛自身が義時打倒の挙兵をしたことにより、広元の身も安穏《あんのん》ではいられなくなった。義盛邸の近隣に居を構えていた八田朝重《はったともしげ》が義盛の軍勢の不穏な動きを知ると、朝重はただちに広元の許《もと》に情勢を急報した。この知らせを聞いた時、広元邸では来客との酒宴が行なわれていたが、広元は一人座を起ち、将軍へ異変を告げに向かった。その

義盛は広元邸を襲う

間に義盛勢は将軍御所《ごしょ》、義時邸を襲い、さらに広元邸に攻めかかる。『吾妻鏡』はその様子を「次に広元朝臣《あそん》亭。酒客座にあり。いまだ去らざるのみぎり、義盛の大軍競い到りて門前に進む。その名字を知らざるといえども、すでに矢を発して攻戦す」と記している。明らかに義盛は、義時とともに広元を襲撃対象としていたのである（後述するように、このあたりの『吾妻鏡』の記述は、『明月記』の記述を基にしている）。

上総介任官を阻まれた怨念

この義盛の行動は、憎むべき義時と提携し、自らの上総介任官を妨害した広元に対する怨念によるものであった。和田氏の挙兵は、恩賞の取り次ぎをめぐる御家人の広元へ

の不満が噴出した事件であるともいえよう。ところで、『吾妻鏡』の記述からは、広元が事情も分からぬまままったくの不意打ちを食らったかのようにとれるが、義時の義盛への挑発や自身と義盛の関係を認識していたであろう広元は、はたして義盛の行動を予想していなかったのであろうか。そのあたりの真相は不明である。

実朝の願書を認める

将軍御所にいた広元は、御所に火の手があがると、実朝とともに一旦は御所の裏山の頼朝法華堂《ほっけどう》に逃れたものの、「御文籍《ごもんじゃく》を警固せんがため」に身辺を護衛する御家人とともに政所に戻っている。なお、義盛と幕府軍の戦いがくりひろげられている最中、実朝は広元に一通の願書を認《したた》めさせ、奥に実朝の二首の和歌が自筆されたその願書は、鶴岡八幡宮に奉納されている。合戦の場での「文士」広元の奉公の場面である。

『明月記』の描写

和田合戦の様子とその中での広元の動向については、『明月記』が比較的詳しい記述を残しており、五月九日条に「和田左衛門尉《さえもんのじょう》某三浦党、と号す横山党両人ともにその勢抜群なる者と云々と合謀し、去る二日申《さる》の時、たちまち将軍（実朝）の幕下（御所）を襲う。その時、将軍更に警衛の備え無し。あるいは杯酌《はいしゃく》し淵酔《えんすい》すと云々。忽然《こつぜん》として周章《しゅうしょう》し合戦す（中略）将軍・外舅《がいきゅう》

京の人々の関心

相模守義時・大膳大夫広元等と間行《かんこう》（密かに隠れて行くこと）して山に入り、身を脱して隙に去る」という、緊迫した描写が見える。事件の重大性を考えれば、定家たち京都の

人々がことの成り行きに大きな関心を寄せたのも当然であるが、特に定家の場合、和歌などの文芸面の交流を通して後鳥羽上皇と実朝の間をとりもつ広元の動向は気がかりだったかもしれない。

多くの政争・内乱をくぐり抜けた広元ではあるが、生涯の中で、おそらくこの時の経験が最も危機的な状況にあったといえるのではないだろうか。

『吾妻鏡』の信頼性

『明月記』五月九日条の記事には、後鳥羽上皇御所に参上した定家が伝聞した続報として、和田氏挙兵の報が広元の許に伝えられた際の詳細な様子が記されている。これは鎌倉からの報告に基づくもののようだが、その内容を一見すれば、この部分が前述した『吾妻鏡』の広元の行動に関する記事の原資料となっていることが判明する。京都経由の伝聞史料であるとはいえ、一応同時代史料に基づく叙述ということになり、『吾妻鏡』の記事はかなり信頼性の高いものと評価できよう。もっとも、五月九日条の『明月記』の記事には、合戦の中で北条義時・中原親能・広元それぞれの子供たちが落命したという、まったく事実と異なる伝聞も記されており、合戦に関する定家の伝聞に全幅の信頼を寄せることもできないのだが。

義時とともに義盛残党討伐を命令

義盛が挙兵した翌日の五月三日には、実朝の仰せを奉じて、武蔵国以下近国の御家人に対し義盛残党の討伐を命ずる北条義時・広元連署の文書が発給される。『吾妻鏡』に収められた文書の内容は以下の通りである（原文はほぼ全体が仮名書きになっているが、読解の便宜のために漢字に改めた部分がある）。

近辺の者に、この由（和田合戦の報）を触れて、召し具すべきなり。和田左衛門・土屋兵衛《ひょうえ》・横山の者ども、謀叛を起こして、君（実朝）を射奉るといえども、別の事なき也。敵《かたき》の散り散りになりたるを、急ぎ討ち取りてまいらすべし。

五月三日　巳の刻

大膳大夫（大江広元）
相模守（北条義時）

御家人を指揮する

広元が、軍事行動に関する指令書に義時と連署していることは、広元が義時とともに御家人を指揮する立場にあることを広く知らしめたという重要な意味を持つ。さらに広元と義時は在京御家人に対し、鎌倉への下向を禁じ、院御所の警備と西海にいる義盛余党の討伐を命じる書状を発している。この書状が十五日に京に届いたことは『明月記』五月十七日条より分かるが、このあたりの動向は『明月記』にくわしく、和田合戦の戦後処理に関する『吾妻鏡』の記事も、多くの部分が『明月記』からの引用によって

『明月記』からの引用

いることが確かめられている。

乱後の戦功評議

乱後の広元の動きであるが、四日の和田氏討伐の戦功評議に加わり、五日には義盛所領の没官《もっかん》沙汰を奉行している。さらに六日、実朝は仮の御所となった広元邸に入り、和田合戦で討ち取られた人々を列挙した文書に目を通した後、これを広元に預けている。義盛の跡を襲って侍所別当となった北条義時は、六日に被官金窪行親《かねくぼゆきちか》を指揮して侍所の職員の任命を行なっており、和田氏の滅亡を契機に、広元・義時を文武の要とする新たな幕府体制が発足することとなった。

武蔵国横山荘を得る

七日に行なわれた和田合戦の論功行賞では、広元は、義盛に加担した横山党の本貫地《ほんがんち》である武蔵国横山荘を与えられている。

在京中の親広の動向

なお、八日には、義盛蜂起の報を聞いて京都より駆けつけてきた親広が鎌倉に到着している。父広元が義盛の襲撃対象の一人とされたことを、おそらく親広は察していただろうが、反乱鎮圧を知って、親広はさぞかし安堵《あんど》したにちがいない。この頃の親広は、建保二年のものと推定される年欠六月三十日大江親広請文《うけぶみ》（「諸尊道場観集《しょそんどうじょうかんしゅう》紙背《しはい》文書」、鎌補六四八。越前《えちぜん》国守護大内惟義《これよし》からの大番役《おおばんやく》勤仕に関する書状に対する請文）より、中原季時《すえとき》（親能の子）とともに京都守護の任について在京していたと推測される。また、建保二年九月二十六日の実朝将軍家政所下文（「金山寺《きんざんじ》文書」、鎌二一二八）にも政所別当親広の花押が欠けており、親広の在京を示唆している。

栄実擁立の陰謀を阻止

鎌倉中を震撼《しんかん》させた和田合戦の余焔《よえん》は、翌年になってもさめやらなかった。建保二年十一月十三日、和田義盛・土屋義清《よしきよ》の在京余党が、「禅師」と号する頼家の遺児（鶴岡若宮別当栄実《えいじつ》のこと）を将軍に擁立《ようりつ》する陰謀を企てていることが風聞したことから、広元の在京家人が一条北辺にある栄実の旅亭を襲い、自害させるという事件がおきた。襲撃したのが広元の家人であったことは、決して偶然ではあるまい。和田合戦の報復を恐れ、広元あるいは親広が警戒の姿勢を崩していなかったのであろう。

第八　連署の執権

一　北条義時との協調

朝廷より臨時公事賦課の申し入れ

和田合戦が起きた建保《けんぽ》元年（一二一三）、朝廷は将軍実朝《さねとも》に対して、西国の関東御領《かんとうごりょう》に臨時公事《くじ》を賦課《ふか》することを伝えてきた。関東御領の経営に責任を持つ広元は、「一切御沙汰《さた》に及ぶべからず」すなわち賦課を拒否すべきであると述べたが、実朝はその意見をうけいれず、十月三日に「一向停止の儀においては然《しか》るべからず。向後《こうご》に至りては、楚忽《そこつ》事は雑掌《ざつしょう》等の所堪《しょかん》にあらず。仮令《たとい》、兼日あらあら定め仰せらるべし」という内容の朝廷宛書状を広元に書かせている。実朝は、朝廷からの通達が急なものだったことのみに苦言を示し、朝廷の公事賦課方針そのものには従う意志を見せたのである。

実朝と広元の政策的対立

この出来事は、あくまで後鳥羽《ごとば》上皇の意向に従順な態度を貫こうとする実朝と幕府財政の維持を最優先課題とする広元の間の政策的対立を示したものである。広元の姿勢の背景には、当然ながら執権《しっけん》北条義時《よしとき》の意向があったものとみてよいだろう。

藤原定家より『万葉集』が届く

十一月二十三日、藤原定家《ていか》より、家領伊勢《いせ》国小阿射賀御厨《こあざかのみくりや》における地頭《じとう》渋谷左衛門《さえもんの》尉《じょう》の非法行為停止措置に対する実朝への御礼として、相伝の『万葉集《まんようしゅう》』が広元の御所《ごしょ》に届けられた。早速広元がこの『万葉集』を将軍御所に届けたところ、「（実朝の）御賞《ごしょう》翫《がん》は他なく」、実朝は「重宝何物かこれに過ぎん」と述べた、と『吾妻鏡《あずまかがみ》』は記している。

正四位下に昇叙

波乱の建保元年が終り、あくる建保二年（三四）の正月五日、広元は正四位下に昇叙《しょうじょ》された。『明月記《めいげつき》』に見える叙位《じょい》聞書には、広元に対する「旧更」という注記が見られるが、「旧更」は「旧吏《きゅうり》」の誤りであろう。「旧吏」とは官職在任の経歴、特に受領《ずりょう》任官の経歴による叙位任官を指す語である。

大倉新御堂の供養

この年の四月十八日のことである。大倉新御堂《おおくらしんみどう》の供養に関する幕府評議の場で、「京都高僧」を導師に招くことを主張する実朝に対し、北条義時・広元・二階堂行村《ゆきむら》・三善《みよし》康信《やすのぶ》たちは、勝長寿院《しょうちょうじゅいん》供養の際に醍醐寺《だいごじ》・園城寺《おんじょうじ》の僧を招いた時の例を引き、そろって異を唱えた。京と関東を僧が往還することは「万民の煩《わずらい》」であり「作善《さぜん》の本意」に背くものであるから、というのがその理由である。義時・広元たちは、「関東止住《しじゅう》僧侶」を用いることこそが、「徳政《とくせい》」であるとも述べている。

実朝に徳政を求める

「徳政」という点に関連してふれるならば、天変地異の続いた翌建保三年（一二一五）の十二月十六日に、「実朝の慎みあるべし」との天文道勘文《かんもん》が出されたことをうけて、広元・義時たちは、「善政を興され、佳運《かうん》長久の術を廻《めぐ》らすべし」との意見を実朝に上申している。「徳政」「善政」を標榜《ひょうぼう》して御家人《ごけにん》たちの利害を最優先にする執権勢力と、京都志向をより強める実朝との間の対立が深刻になってきた状況がよくわかるだろう。広元もまた、義時に与《くみ》して実朝に厳しい態度で臨む立場を選んだのである。

陸奥守に任官

建保四年（一二一六）正月二十七日、広元は陸奥守《むつのかみ》に任じられた。これは、陸奥守が実朝の知行国《ちぎょうこく》になったことにともなう任官であり、また幕府御家人が陸奥守に任じられた最初の例である。源頼朝《みなもとのよりとも》が朝廷より認められた東国支配権に依拠して、これ以前にも陸奥国に対する幕府権限は大きかったが、この時、将軍の永年知行国とされていた相《さが》模《み》・武蔵《むさし》両国と同様に、陸奥国は鎌倉幕府の直轄《ちょっかつ》支配下に置かれ、同国の国務が広元に委ねられたのである。

実朝による将軍親裁権の建て直し

この年、実朝は政所《まんどころ》を基盤とする将軍親裁権の建て直しをはかる。四月九日に終日「諸人愁訴《しゅうそ》」を聴断したことなどに示されるこの動きは、執権義時に押されがちであった実朝の巻き返しというべきものである。

政所別当の増員

これに関連する動向として、政所別当《べっとう》が五人より九人に増加されたことがあげられる。九人の政所別当連署《れんしょ》の初見は、建保四年八月十七日の実朝政所下文《くだしぶみ》（「壬生《みぶ》家文書」、鎌二二五八）である。増員された四人の別当とは、源氏一門の源頼茂《よりしげ》・源惟信《これのぶ》、実朝の学問の師である源仲章《なかあきら》、そしてほかならぬ広元であった。

広元は署判の最上位

こうして九名という多くの別当の署判が並ぶ実朝の政所下文は、あたかも摂関家《せっかんけ》政所下文のような格式を呈《てい》するようになったが、政所別当の署判の並び順は位階の序列によるものと定められており、正四位下という高位を有する広元の署判は最上位に位置づけられている。むろん、単に署判序列《しょはん》の問題だけでなく、頼朝の政所の初代別当就任以来、豊富な実績を持つ広元の権威は政所において圧倒的なものであったろう。

政所別当復帰の意図

すでに述べたように、広元は建永《けんえい》元年（一二〇六）に政所別当職そのものからは退いており、長子親広《ちかひろ》にその地位を譲ることで鎌倉における「文士」の家の世襲を遂げつつあった。広元の政所別当復帰という不自然な人事について五味文彦氏は、「広元の別当就任には義時の強い意向があったはずである。長老の広元をすえることで、将軍権力の暴走を阻止しようというのであろう」と指摘されている（「源実朝」）。もちろん、実朝が広元を厚く信頼していたことも無視できないだろうが、緊密な協調関係を保つ広元を、あえて世代交代を逆行させてまで政所別当に復帰させたことは、義時にとっても都合のよいことだったのだと考えられる。

伊勢国大橋御園地頭職

次に示す二月十五日に発給された、権律師《ごんのりっし》継尊《けいそん》の伊勢国大橋御園《みその》地頭職《じとうしき》知行を認める文書（「醍醐寺文書」、鎌二三二〇）は、広元と義時の立場を示唆《しさ》する重要な史料である。

権律師継尊申す、伊勢国大橋御園一名棚橋地頭職の事、故大将殿（源頼朝）の御時、神宮の訴訟により、道時《どうじ》法師の沙汰を停止せられおわんぬ。その後去《さ》んぬる元久二年、重ねて裁断の上、いまさら相違あるべからず。早く本のごとく継尊をして領知せしむべきの状、鎌倉殿《かまくらどの》の仰せによって、下知《げち》くだんのごとし

建保四年二月十五日

相模守平（北条義時）御判
陸奥守中原（広元）御判

実朝の仰せを奉じる下知状

この文書は、伊勢国大橋御園の地頭職をめぐる相論で、権律師継尊の地頭職知行を裁定したものである。文書の様式に注目すると、将軍実朝の仰せを奉じ、奉者である「相模守平」（義時）と「陸奥守中原」（広元）が連署し、結びの文言を「下知くだんのごと

し」とする、いわゆる下知状の様式をとっている。

連署職に相当する地位

　前述したように、すでに和田氏の乱がおきた直後に、広元は義時と連署して文書を発給した経験を持っている。それは緊急の軍事動員にかかわるものであり、この時のような一般訴訟に対する裁許とは文書発給の性格が異なっている。下知状は、若い実朝にかわって北条時政《ときまさ》が幕政を領導した際に、将軍の下文の代行文書として用いられ始めたものであり、また執権政治確立後は幕府裁許の結果を伝える文書となり、執権と連署が並んで署判する様式を持つようになる。これらのことを念頭におけば、この文書より、おそくとも建保四年頃までに広元が、後の連署職に相当する地位を得ていたとみなすことができるのである。

幕府裁定における広元の副状

　壬生家領若狭《わかさ》国国富《くにとみ》荘における在地での地頭百姓争論の裁定のために発給された建保四年八月十七日実朝政所下文（「壬生家文書」、鎌二二五八）は、二十九日付の広元書状（同、鎌二二六三）を副《そ》えて壬生家に伝えられているが、このような幕府裁定文書の副状は、実朝没後の執権政治体制においては、北条氏のみが発給できるものであった。これもまた、広元の立場が執権義時のそれに匹敵するものであったことを示す史料といえるだろう。

「連署の執権」

　もちろん執権を補佐する連署職（厳密には「連署の執権」）は、三代執権泰時《やすとき》の時代に時房《ときふさ》が就任した際に制度化されたものであり、鎌倉幕府官制の歴史の中で公式に広元を初代連署とすることはできない。だが、実朝が親裁志向を見せ、政所別当が増員されたにもかかわらず、依然として幕政が広元と義時の両名の主導下にあったことは間違いなく、実質的に広元と義時を幕府の両執権と評価することができるであろう。

こうして、実朝が父頼朝と同じように幕政を総覧する道は、ほとんど閉ざされていってしまったのである。

二　広元の改姓と実朝任官問題

大江氏に改姓

建保四年（一二一六）四月七日の『吾妻鏡』の記事に、「広元朝臣《あそん》、中原姓を改め大江氏となすべきの由、勅裁を申し請うべきの趣、日ごろ内々に都鄙《とひ》と談合す。ついに今日、女房《にょうぼう》に属し許否を伺う」という記事が見える。広元が、長く名乗った中原姓を捨て、本来の出自の姓である大江に改姓することを朝廷に申請したというのであるが、「女房に属し許否を伺」った相手とは将軍実朝であろうか。四月十七日には「御左右《そう》」（御決定）があったと『吾妻鏡』に見えている（同日条）。

その後、広元の改姓は政所執事二階堂行光《ゆきみつ》を通じて朝廷に正式申請され、閏《うるう》六月一日に認可された（なお、『尊卑分脈《そんぴぶんみゃく》』が、広元の改姓を、陸奥守となった時点、すなわち建保四年正月二十七日のこととするのは誤り）。

改姓申請の理由

『吾妻鏡』閏六月十四日条には、広元が提出した六月十一日付の改姓申文《もうしぶみ》が収められている。「正四位下行《ぎょう》陸奥守中原朝臣広元誠惶誠恐《せいこうせいきょう》謹言　上《たてまつ》る　殊《こと》に天恩《てんおん》を蒙り、先例に因准《いんじゅん》し、中原姓を改め大江氏とならんと請うの状」という書き出しで始まる申状の中には、中国や日本における過去の改姓の事例が極めて多いこと、大江維光《これみつ》と「父子の儀あるにより」改姓は「継嗣の理に叶う」こと、中原氏の発展に比して大江氏が劣勢であるから本姓に復して氏を継承する意志を持ったことなど、改姓申請の理由が列記されている。

父は大江維光

この申状の中で注目されるのは、広元と大江維光の間に「父子の儀」があり、中原広《ひろ》秀《ひで》（広季《ひろすえ》の誤り）に「養育の恩」を蒙ったという記述である。広元の実父を藤原光能《みつよし》とする『江氏家譜《ぞうしかふ》』『系図纂要《けいずさんよう》』が、広元の改姓は維光との「父子の契約」によるものと記しているのは、申状中の「父子の儀」という語を、維光と広元の養子関係を示すものと理解したからであろうが、冒頭で述べた通り、本書ではこの語を実の父子関係を示すも

実朝の意志

幕府を支える文官官僚の実情

親広も大江氏に改姓

のと解し、維光を広元の実父と判断している。

いささか唐突とも思える広元の改姓の背景には一体何があったのだろうか。諸史料にそれを明記したものはないが、朝廷政治に範を求め、家業の継承を重視する実朝の意志によるものであったという推測を示しておく。

広元は申状の中で、文人貴族の家としての大江氏が、中原氏に比して長く振るわぬ現状を憂い、大江氏に復して「絶氏《ぜっし》を継ぐべし」と述べている。この指摘は朝廷社会の実情を述べたものだが、鎌倉に眼を転じても、幕府で活躍する文官官僚には、広元のほか親能《ちかよし》・仲業《なかなり》など中原姓を名乗る者が多く、また問注所《もんちゅうじょ》を管轄していたのは三善氏であった。一方、本来朝廷機構の中で中原氏・三善氏に優るとも劣らない実績を持つ文官の家である大江氏の存在は、鎌倉幕府機構の中では意外に目立っていない。この状況に対し、公家政権同様に鎌倉においても伝統的文官官僚の家が維持されることを望む実朝が、広元の政所別当復帰の機をとらえ、大江氏の家業の継承を鎌倉においても果たすべく、広元に改姓を求めたものではないだろうか。以上のように、広元の改姓の背景に、実朝の有していた強烈な「家」意識があったことを想定しておきたく思う。ちなみに、七月十六日の実朝政所下文（「萩藩閥閲録《はぎはんばつえつろく》」五十八、鎌二二五二）では別当親広の姓も源から大江に改められている。

実朝は近衛大将任官を望む

幕府政治から疎外されるようになった将軍実朝は、次第に朝廷の高位高官を強く希求するようになった。特に実朝が強く望んでいたのは、父頼朝《よりとも》が帯した近衛大将《このえたいしょう》への任官だった。建保四年九月十八日、義時は広元に対し、将軍実朝の近衛大将任官問題について相談をしている。義時は、次のように広元に述べている。

右大将家《うだいしょうけ》（源頼朝）は、官位の事宣下《せんげ》の毎度、これを固く辞し給う。これ佳運を後胤《こういん》に及ばしめ給わんがためなり。しかるに今（実朝の）御年齢いまだ成立に満たずして、壮年の御昇進はなはだもって早速なり。御家人などまた京都に候ぜずして、面々顕要の官班に補任《ぶにん》すること過分というべきか。もっとも嘆息するところなり。下官（自分、すなわち義時）愚昧短慮《ぐまいたんりょ》をもって、たとえ傾け申すといえども、かえりてその誡《いまし》めを蒙るべし。貴殿（広元）けだしこれを申さるべきか。

義時より諫言の依頼を受ける

義時は、初代将軍頼朝が子孫のことを考えて朝廷官位の任官を辞退していたことをあげ、いまだ壮年の実朝（この時二十五歳）が大将に昇進することは時期尚早であるとする自分の意見を述べた上で、自らの諫言《かんげん》はかえって実朝の怒りを買うであろうとして、実朝の信頼が厚く故事先例に詳しい広元にその役を依頼したのである。

これに対し、広元は次のように答えている。

日ごろこの事を思い、丹府《たんふ》（真心）を悩ますといえども、右大将家の御時は、事において下問あり。当時その儀なきの間、ひとり腸を断つ。微言《びげん》を出すに及ばず。今密談に預かる。もっとももって大幸たり。およそ本文の訓ずるところ、臣おのれを量《はか》りて職を受くとうんぬん。今、先君（頼朝）の「貴跡」（この部分については吉川本の「遺跡」をとるべきか）を継ぎ給うばかりなり。当代において指したる勲功なし。しかるにただに諸国を管領《かんれい》し給うのみにあらずして中納言《ちゅうなごん》中将に昇る。摂関の御息子にあらずば、凡人においてこの儀あるべからず。いかでか嬰害《えいがい》・積殃《せきおう》（いずれも「災いが重なること」の意）の両篇を遁《のが》れ給わん。早く御使として、愚存《ぐぞん》の趣を申し試みるべし。

広元は義時の依頼に応ずる

例によって晦渋《かいじゅう》・饒舌《じょうぜつ》な広元の言い様であるが、要するに、「朝敵追討・幕府創業という偉大な功績をあげた父頼朝に比して、さしたる勲功もないのに、将軍の地位を世襲して諸国を管轄するのみならず中納言・中将の地位を与えられた実朝が、さらに右大将任官の望むのは過分である。摂関家の子息でもない者が望むべきことではない」というのが広元の見解であり、義時の意を汲んで自ら実朝に意見を申し述べる意向を示したのである。義時から相談を持ちかけられたことを「大幸」と語っているのは、義時への追従《ついしょう》ともいえようか。

実朝に諫言を述べる

二日後の九月二十日、早速広元は義時の「中使」（『吾妻鏡』に見える表現。本来、「勅使」の意であるが、『吾妻鏡』の中では「取り次ぎ役」の意で用いられている）として実朝御所におもむき、実朝に対して、「御子孫の繁栄を望まれるのであれば、現在の官職を辞して征夷大将軍《せいいたいしょうぐん》の地位だけを帯し、高年に及んでから大将の地位を兼ねられてはいかがでしょうか」という趣旨の諫言を述べる。

実朝の覚悟

だが実朝は、広元の諫言の趣旨に同意しつつも、「源氏の正統この時に縮まりおわんぬ。子孫あえてこれを相継ぐべからず。しからばあくまで官職を帯し、家名を挙げんと欲す」（源氏の正統な系譜は自分の代で絶えるのだから、せめて高位について家名だけは挙げたい）と答え、結局任官の望みを捨てなかった。この発言からは、正室である坊門信清女子《ぼうもんのぶきよ》との間にいまだ子の生まれぬ実朝が、実子に将軍位を継承させる見通しがないと悟っていたことがうかがえる。

源氏の嫡流《ちゃくりゅう》の立場にあって、武家棟梁《とうりょう》家の家長としての強烈な自負を実朝がいだいていたことは間違いない。そのような意識に加えて、執権北条氏に政治の実権を奪われつつある絶望的状況を自覚したことが、実朝にこのような言葉を語らせたのであろう。さすがの広元も実朝の仰せを聞いて絶句し、そのまま義時に伝えるしかなかった。後述するごとく、二年後に広元は、実朝の意志に従って、大将任官という実朝の希望を朝廷に伝えてこれを実現させ、実朝側近としての勤めを果たしている。

実朝持仏堂の文殊像供養

翌建保五年（一二一七）五月二十五日、実朝の持仏堂《じぶつどう》で文殊《もんじゅ》像供養が行なわれた。実朝は、年来所持している牛玉《ぎゅうぎょく》（薬用に珍重された黄褐色をした牛の胆石。牛王《ごおう》・牛黄とも）を、供養導師を勤めた寿福寺《じゅふくじ》長老行勇《ぎょうゆう》に布施《ふせ》として与えている。この実朝の行為に広元は異を唱えたが、実朝は従わなかった。実朝の右大将任官問題が生じた際、実朝からの御下問がないことに広元が不満をもらしたことが前掲の史料に見えていたが、この頃の実朝は、しだいに広元の言葉に耳を貸さなくなったようである。これは統治者としての自立をはかる態度の表われともいえるが、一面で孤立した実朝の姿もうかがうことができるだろう。

病いにより出家

十一月頃、広元は重い眼病と腫物《はれもの》を煩《わずら》った。九日に義時が広元邸を見舞い、翌十日には、実朝の見舞いの使者である結城朝光《ゆうきともみつ》が広元邸を訪れている。病いが直接のきっかけとなって、十日に広元は出家し（法名覚阿《かくあ》）、陸奥守を辞す。広元の跡を受けて、十二日に北条義時が陸奥守となり、この頃より北条氏の陸奥国進出が本格化していくこととな

眼病の後遺症

る。十二月十日になって広元の病気は平癒したものの、目の障害は残り、黒白の判別が不能となる状態になってしまった。文官官僚としての活動を続ける上で、目の障害は致命的な障害である。

実朝の大将任官を取り次ぐ

病気の後遺症をかかえた広元であるが、実朝側近としての活動は続けられ、建保六年(一二一八)二月十日、広元は朝廷に使者を発し、実朝の大将任官所望の旨を伝える。三月十六日に、実朝を左大将に任じる旨が記された三月六日の除書《じしょ》(除目《じもく》の結果を書き記した文書)が波多野朝定《はたのともさだ》によって京都よりもたらされ、二日後の十八日には、実朝を左馬寮御監《さまりようごげん》とする宣旨《せんじ》を伝える勅使として、権少外記《ごんのしょうげき》中原重継《しげつぐ》が鎌倉に下向《げこう》する。この時広元は、勅使の旅亭について沙汰している。

実朝の大臣昇進

実朝の昇進はこれで終わったわけではなかった。十月九日には内大臣となって父頼朝すら達したことのない大臣の地位に昇ると、早くも十二月二日には右大臣《うだいじん》に任じられている。このような急速な昇進はまさに異例であった。十二月二十日に大臣任官後の政所始が行なわれ、広元の子親広たち別当が参仕している。

第九　実朝暗殺と承久の乱
──晩年の広元──

一　将軍実朝の暗殺

不吉な予兆

年が明けて、運命の年ともいうべき承久《じょうきゅう》元年（一二一九。四月十七日に建保七年より改元）がやってきた。不吉な出来事を予兆するかのように、正月七日に将軍御所《ごしょ》近辺に火災が起き、広元邸をはじめ四十宇《う》が焼失している。不穏な動きを感じさせる火事であるが、火災の理由について『吾妻鏡《あずまかがみ》』は何も語らない。

実朝暗殺

そのわずか二十日後の正月二十七日、右大臣《うだいじん》任官拝賀《はいが》のために鶴岡八幡宮《つるがおかはちまんぐう》を参詣した実朝《さねとも》が、儀式に参列する多くの公卿《くぎょう》たちの前で、頼家《よりいえ》の遺子公暁《くぎょう》に殺害されるという大事件が起きる。公暁は父の仇《かたき》として実朝を討ったのであるが、実朝の首を持って三浦義村《よしむら》の邸に逃げ込んだところ、たちどころに殺害され、事件は誠に不可解な結末を迎

鶴岡八幡宮

える。公暁には黒幕がいたのではないかという議論が古くからなされており、北条義《よし》時《とき》もしくは公暁の乳父である三浦義村の謀略とする見解も示されているが、真相は不明である。

側近たちの出家

実朝が殺害された翌日の二十八日、彼の側近の多くが出家した。その中には、親広《ちかひろ》（法名蓮阿《れんあ》）・時広《ときひろ》（法名斎阿《さいあ》）といった広元の子供たちも含まれていた。

広元は凶事を予言

実朝暗殺の有り様を詳細に記す『吾妻鏡』の記事には、広元が、「将軍が御出立《ごしゅったつ》される時、成人してから一度も涙を流したことのない私が、将軍の近くにあってなぜか落涙《らくるい》を禁じえなかった。これは、ただならぬことであると感じた」と語って凶事を予言し、建久《けんきゅう》六年（一一九五）の東大寺供養における頼朝《よりとも》の先例にならって、束帯《そくたい》の下に腹巻（鎧《よろい》の一種）を着すよう申し出たが、政所別当《まんどころべっとう》の一人源仲章《みなもとのなかあきら》の「大臣・大将にまで昇進した者のすべきことではない」という発言によって止められた、という注目すべき話が見える。そのまま史実として理解できるものかどうかはともかくとして、実朝側近の広元が何か不吉な出来事を予感していたことは十分に考えられる。

実朝の神秘的能力

事件の「予言」ということに関わらせて述べると、『吾妻鏡』承元《しょうげん》四年（一二一〇）十一月二十四日条に、駿河《するが》国建福寺《けんぷくじ》の鎮守《ちんじゅ》である馬鳴《めみょう》大明神が二十一日に「酉《とり》年に合戦が起こる」という託宣《たくせん》を下したことが幕府に報告され、広元たちが占いを行なおうとしたところ、実朝が「私は託宣のあった日に合戦を予兆する夢を見たが、それは正夢《まさゆめ》であり、占いをする必要はない」と語ったという話が見える。「酉歳」とは、和田氏の乱が起きた建保《けんぽ》元年（一二一三）にあたり、大明神の託宣も実朝の夢も、ともに的中したことになる。この話によせて、山本幸司氏は「こうした話を耳にした実朝の周囲の人間は、実朝の持つ神秘的能力を改めて認識するとともに、彼に対して畏怖《いふ》にも似た感情を抱いたのではないだろうか」という注目すべき指摘をされている（『頼朝の天下草創』）。

広元は、実朝の語る予言や夢告《むこく》を、日ごろより多く耳にしていただろう。「自分の代で源氏の正統が絶える」という、これもまた的中することとなる実朝の予言を聞いたのも広元である。自らの不安定な政治的立場がやがて悲惨な運命を招くであろうことを予知する実朝に、広元も影響を受け、前途を案じる心情を共有するようになっていたのではないだろうか。

公武関係の緊迫化

実朝の死は、公武両政権の関係に大きな緊張状態をもたらした。実朝将軍期の朝廷と幕府の関係は、和歌を通じて育まれた後鳥羽《ごとば》上皇と実朝との個人的親密さによってかなりの部分支えられていたといっても過言ではない。むろん、政治的問題をめぐって上皇と実朝の間に意見の相違がなかったわけではないが、上皇は、実朝が健在であるかぎり、

後鳥羽上皇の反幕的態度

彼を通じて幕府への影響力を維持できると考えていただろう。公武関係の緩衝材《かんしょうざい》ともいうべき実朝の存在が消えた後、後鳥羽上皇は、朝廷に対する優越した姿勢を見せ始めた幕府への不満を次第にあらわにし、幕政を主導する北条義時たち御家人《ごけにん》集団への強い反感を抱くようになった。

後鳥羽皇子推戴を所望

幕府首脳部の側にとっても、朝廷と幕府の間に深い溝が生じることは好ましいことではない。義時たちは、御家人の結集の中心となるだけの権威を持ち、また実朝同様に朝幕間の結びつきを担いうる将軍後継者にふさわしい人物として、ほかならぬ後鳥羽の皇

子が鎌倉に下向《げこう》することを望んだ。具体的候補者には六条宮雅成《まさなり》親王と冷泉宮《れいぜい》頼仁《よりひと》親王の名があげられ、実朝暗殺の衝撃がいまだ収まらぬ二月十三日、二階堂行光《ゆきみつ》が使者として京都に向かい、いずれかの親王を鎌倉に迎えるための交渉にあたることとなった。広元たち「宿老御家人《しゅくろうごけにん》」が連署した奏状を携えての上洛《じょうらく》であった。

京都守護伊賀光季

その翌日の十四日、幕府は伊賀光季《いがみつすえ》を京都守護《しゅご》に任じ、上洛の途につかせた。光季は義時の妻の兄にあたる人物で、彼の上洛は、実朝暗殺後の不穏な情勢に備えるとともに、朝廷が幕府の意に反する行動をとらないよう監視することが目的であった。直前の十一日には、源頼朝の異母弟である阿野全成《あのぜんじょう》が、朝廷より宣旨《せんじ》を賜って「関東を管領《かんれい》する」ことを企て、駿河国深山に城郭を構えて蜂起している。この反乱は十日ほどで鎮圧されているが、実朝の急死を機に、朝廷と結んで将軍の地位をうかがう企てが現実に起きたのである。義時たちにとって、後鳥羽の動きは誠に油断ならぬものに思われていただろう。

阿野全成の反乱

将軍家政所の焼失

ちなみに、光季が鎌倉を発った十四日、将軍家の政所が「一字も残さず」焼失している。「失火」と『吾妻鏡』は記すが、にわかには信じられない。義時たちにとって都合の悪い政所の文書の抹殺が図られたのではないか、などとも勘ぐりたくなる。なお、この時広元がどこで何をしていたかはまったく分からない。

親広も京都守護として上洛

幕府が京都守護に任じたのは光季だけではなかった。この月の二十九日、もう一人の京都守護として、源（大江）親広が京都に派遣される。親広がすでに建保二年以前の時点で京都守護の任にあったことは前述した通りであり、再度の任命ということになる。もはやくりかえすまでもないが、親広は広元の長子である。光季・親広という、それぞれ義時・広元の近親にあたる人物が京都守護という重要な責務を与えられたのは、幕府政治が義時・広元の連携によって行なわれていたことに対応した人事といえよう。

後鳥羽上皇の要求

後鳥羽上皇は、鎌倉からの皇子下向の申し出にはただちに返答せず、三月になって（この年は閏《うるう》二月がある）、上皇の使である藤原忠綱《ただつな》が鎌倉に下り、幕府の要請への返答を行なうことになった。ところが、九日に義時と会った忠綱が切り出したのは、驚くべきことに皇子下向とは別の問題であった。それは、上皇が寵愛《ちょうあい》していた伊賀局亀菊《いがのつぼねかめきく》の所有する摂津《せっつ》国長江《ながえ》・倉橋《くらはし》の両荘の地頭職《じとうしき》を停止してほしい、という要求であった。幕府が将軍後継者問題に苦慮する状況を見て、上皇は義時たちにゆさぶりをかけてきたのである。思いもかけない上皇方の要求をめぐり、早速十二日に義時邸で評議が行なわれ、広元もこれに参加している。評議の結論は、「上皇の要求の拒否」であった。十五日には、

摂関家より三寅を迎える

軍事衝突の予兆

義時の弟時房《ときふさ》が回答の使者となり、兵一〇〇〇騎を率いて上洛する。

上皇は、地頭職停止の要求が拒否されたことにお返しする形で、皇子下向の要求を拒絶する。皇子を擁立《ようりつ》することで幕府の独立志向が強まることを、上皇は恐れたのである。やむなく幕府は皇族将軍の擁立を断念し、次善の策として摂関家《せっかんけ》の九条道家《くじょうみちいえ》の子三寅《みとら》（二歳。後の四代将軍頼経《よりつね》）を鎌倉に迎えることとした。これには上皇も異論を唱えなかったため、七月に三寅は鎌倉に下り、北条政子《まさこ》が幼少の三寅の政務を後見することとなった。

七月十三日、大内守護の任にあった源頼茂《よりしげ》が、後鳥羽上皇の命を受けた在京武士の追討を受け、内裏仁寿殿《だいりじじゅうでん》で自害している。幕府に対する後鳥羽上皇の軍事挑発であるといえよう。大軍を率いた北条時房の上洛といい、後鳥羽による頼茂の討伐といい、幕府と朝廷の軍事衝突を予兆する出来事である。

二　承久の乱

翌承久二年（一二二〇）の広元の動向を『吾妻鏡』の記事より拾うと、五月二十日に北条義時・北条時房・足利義氏《あしかがよしうじ》を自邸に招いて小弓会《こゆみえ》（左右に分かれて小弓の射手が争う競技）を行ない、六月十二日には、前年暮れに京都で見られた彗星《すいせい》に関する祈禱《きとう》を鶴岡八幡宮で行なう件について沙汰していることが知られる。あるいは広元にとって、在京する親広の動向が気がかりであったかもしれないが、ただならぬ緊迫した朝幕関係が生じた前年とは対照的に、この年は表向き異変が見られず、広元の周辺にもあわただしい動きはなかった。だが、それは嵐の前の静けさともいうべきものだった。京都では、倒幕を決意した後鳥羽上皇の挙兵計画が着々と進められていたのである。

後鳥羽上皇の挙兵

あくる承久三年（一二二一）五月十九日、京都守護伊賀光季の使者が鎌倉に着き、後鳥羽上皇が執権北条義時追討の命令書を発して挙兵したとの報が幕府に伝えられる。前月の二十九日には、順徳《じゅんとく》天皇が皇位を子の懐成《かねなり》親王（仲恭《ちゅうきょう》天皇）に譲ったことを伝える使者が広元邸に到着しているが、この突然の譲位は、父後鳥羽の挙兵に同意した順徳が、自らの立場を自由なものにしたと理解することができる。はたして使者を迎えた広元は、異変を悟っただろうか。

後鳥羽の軍事動員

後鳥羽上皇が期待をかけたのは、西面武士《さいめんぶし》などの直属武力の他、在京・西国の御家人たちであった。京都守護であった伊賀光季・大江親広にも上皇の動員命令が下されたが、光季がこれを拒否して討ち取られたのとは対照的に、親広は上皇方の軍勢に加わること

親広は後鳥羽方につく

となる。親広が後鳥羽方に加わった理由としては、後鳥羽方の軍勢の中で孤立したためやむなく動員令に従ったということがまず考えられよう。しかし、同じ状況にあった伊賀光季は幕府に殉《じゅん》じて後鳥羽上皇の命を拒んだのであるから、親広の行動には格別の要因があったといわなくてはならない。おそらく、有力貴族である源通親《みちちか》の猶子《ゆうし》となっていた関係から、朝廷へ忠誠を尽くそうとする親広の意志が強かったものと思われる。やはり通親の猶子であった但馬《たじま》国守護の安達親長《あだちちかなが》も、承久《じょうきゅう》の乱《らん》では後鳥羽方についている。

後鳥羽上皇像
(「天子摂関御影」宮内庁三の丸尚蔵館蔵)

北条政子の演説

上皇挙兵の報が伝えられた日、未曾《みぞ》有《う》の事態に浮き足立つ御家人たちに対し北条政子が演説を行ない、頼朝以来の将軍の御恩《ごおん》を思い起こさせ、それに応えて幕府を守る責務を果たすよう訴えた結果、御家人たちの結束が固められたことは、よく知られた逸話だろう。

伝北条政子像（安養院蔵）

戦闘方法を群議

だが、朝廷と一戦交える決定こそ下されたものの、具体的な戦い方をめぐっては、幕府首脳部の意見は割れた。群議の場で、足柄《あしがら》・箱根《はこね》の関を固めて朝廷軍を迎えうつ案が出されると、これに反対して広元は次のような意見を述べている。

群議の趣《おもむき》、一旦はしかるべし。ただし東士《とうし》一揆《いっき》せずば、関を守り日を渉《へ》るの条、かえりて敗北の因たるべきか。運を天道に任せて、早く軍兵を京都に発遣せらるべし。

広元の進撃論

待機策を採って日数が経過するうちに、かえって形勢は不利になるから、早く兵を京都に向かわせよ、というのである。御家人たちの意見が分かれたまま、義時は迎撃・進撃の両案を政子に示したところ、政子が広元の案に同意したために京都進撃の方針が固められ、武蔵《むさし》国の軍勢が集結次第泰時・時房を大将軍として京都に攻め上ることとなり、遠江《とおとうみ》国以東の十五ヵ国の御家人に軍事動員令が発せられた。

再度の進撃論

だが、動員体制の整備を待つうちに、御家人たちの間に再び迎撃論が強まった。この事態をみた広元は、五月二十一日の群議の場で、次のように発言して再び進撃論を主張する。

上洛定まりて後、日を隔つるにより、すでにまた異議出来《しゅったい》す。武蔵国の軍勢を待たしむるの条、なお僻案《へきあん》なり。日時を累《かさ》ぬるにおいては、武蔵国衆といえどもよう案をめぐらし、定めて変心あるべきなり。ただいま夜中、武州（泰時）一身といえども鞭《むち》を揚《あ》げらるれば、東士ことごとく雲の竜に従うがごとくなるべし。

義時に単騎の出陣を促す

「一旦進撃案が決定されたものの、軍勢の進発に時間をかけたために再び迎撃論がむしかえされてしまったのである。武蔵国の武士の集結を待つことは愚策で、いかに幕府の主力たるべき彼らも、日時の経過とともに心変わりする恐れがあるから、今夜に泰時は単騎でも出撃すべし」というのが広元の主張である。

広元の強行論の理由

かつて「合戦のことはわからない」と語った広元が、東国武士顔負けの強行論を述べたのはなぜだったのだろうか。幼い日に目の当たりにしたかもしれない保元《ほうげん》・平治《へいじ》の乱や、頼朝の伊豆での挙兵、そして度重なる鎌倉幕府内部の武力抗争の勝敗の帰趨《きすう》が、いずれも機敏な先制攻撃によって決してきたことを広元が熟知していたことは理由の一つにちがいない。また、頼朝の時代以来奉公を続けてきた幕府に戦いを挑んだ後鳥羽に対し、広元が心底より怒りを覚えていたという面もあっただろう。あるいは子の親広が後鳥羽上皇軍へ参陣したことに、冷静沈着を常とする広元の気持ちが乱されていたのかもしれない。

幕府軍西上により朝廷は敗北

広元の言葉は義時を強く動かし、さらに広元とともに文官官僚として幕府を支えてきた三善康信《みよしやすのぶ》の病躯《びょうく》をおしての強硬策の提言もあって、ついに幕府は、軍勢を京都へ向けて出発させることとなった。五月二十二日から二十五日にかけて、東海道軍・東山道軍・北陸道軍の三手に分かれて鎌倉を発《た》った幕府軍は、各地で朝廷軍を破りながら西上した。そして、六月十四日に宇治川の防衛線を突破し、翌十五日に入京した幕府軍は、朝廷軍を完全な敗北に追い込んだのである。

乱後の処理

このいわゆる承久の乱の後、後鳥羽方の武士たちは厳しく処断され、後鳥羽・土御《つちみ》門《かど》・順徳の三上皇も、それぞれ隠岐《おき》・阿波《あわ》・佐渡《さど》に配流《はいる》され（土御門は挙兵に関わりを持たなかったが、自ら望んで父後鳥羽・弟順徳とともに配流された）、仲恭天皇は廃位させられる。また、従来の京都守護の職を発展継承した六波羅探題《ろくはらたんだい》が新たに置かれ、朝廷の監視・平安京内外の警護・西国地域の統轄などにあたることとなり、上皇および上皇方の貴族や武士から没収された三〇〇〇箇所余りの所領が、戦功をあげた御家人たちに恩賞《おんしょう》として分け与えられている。

広元の存在感

以上紹介したものの他にも、『吾妻鏡』には、承久の乱における広元の存在感の大きさを示す記事がいくつも見えている。六月八日に義時邸の釜殿《かまどの》に落雷があり、一人の疋《ひっ》夫《ぷ》（身分の低い者）が落命した。義時はこの出来事を、朝廷を打ち負かした報《むく》いではないかと恐れ、広元に尋ねたところ、広元は、文治《ぶんじ》五年（一一八九）の奥州《おうしゅう》合戦の際に、幕府の陣に落雷があった先例にふれ、むしろ「関東において佳例《かれい》」であると答えている。

また、京都の泰時からの報告を受けて上皇方の貴族たちの罪名が検討されることとなった六月二十三日の評議に際し、広元は「文治元年の沙汰の先規」を調べ上げている。いうまでもなく文治元年の先例とは、広元自身が実務にあたった、治承《じしょう》・寿永《じゅえい》の内乱終結後の戦後処理を指している。広元の指揮の下に作成された謀叛《むほん》人処罰に関する朝廷への要求書は、二十九日に六波羅に届けられている。

広元は最大の功労者

広元は、承久の乱における最大の功労者の一人であった。特に義時にとっての広元の存在は、有能な文官官僚であるのみならず、精神的支えともなるかけがえのない宿老であったといえよう。乱後、後鳥羽方についた親広は処刑を免れ、父の所領の一つである出羽《でわ》国寒河江《さがえ》に隠れ住むことになるのだが、幕府に戦いを仕掛けるという重罪を犯した親広が命を長らえることができたのは、まさに広元の多大な功績がなせるわざであるというしかない。

三　広元の死と政治的遺産

義時の急死

元仁《げんにん》元年（一二二四）六月十三日、執権北条義時が急死する。死因に関して『吾妻鏡』は何も語らず、『明月記』安貞《あんてい》元年（一二二七）六月十一日条（国書刊行会本は「四月十一日条」とするが誤りと考えられる）には、承久の乱の張本の一人である尊長《そんちょう》が捕縛された際に「義時の妻が義時に盛った毒で早く私を殺してくれ」と語ったという話が見え、伊賀氏出身の室による毒殺説が流布《るふ》していたことが分かる。また南北朝期に成立した史書『保暦間記《ほうりやくかんき》』は近習《きんじゆう》の小侍《こざむらい》に突き殺されたと記しており、義時の死因は誠に謎めいているが、真相は明らかではない。

義時の後継者問題

北条政子は、義時の長子である泰時が執権職を継承することを望んでいた。だが幕府内には、泰時の弟の政村《まさむら》が執権職をめぐって泰時と争う状況が生じていた。北条氏一族内部の政治闘争が起こることを防ごうとする政子は、二十八日広元に対して、時房を泰時の後見とすることで北条氏の結束を固め、泰時の政治基盤を安定させる構想を語り、意見を求めている。北条氏が全幅の信頼を置く広元に、政子は次世代の体制作りという重要事項を諮問《しもん》したのである。広元は「時房を泰時の後見役とすることは当然で、決定はむしろ遅すぎるくらいである」とまで述べて、政子の考えに全面的に同意している。

北条政子の諮問に答える

泰時の補佐役候補としての親広

　時房を泰時の後見役とするプランは、翌嘉禄《かろく》元年（一二二五）の時房の連署《れんしょ》就任によって実現することとなる。だが、もしかりに広元の後継者の立場にあった親広が幕府指導部の一員として健在だったならば、義時の補佐役であった父の跡を受けて、親広が泰時の政治を助ける地位についていた可能性はかなり高かったはずである。広元の心中は、穏やかなものではなかったかもしれない。

死去

在京武士の動揺

　閏七月三日、広元は老病をおして政子の「世上沙汰」に召されている。これが広元の活動を述べた『吾妻鏡』の最後の記事である。嘉禄元年六月十日、広元は、日頃から患っていた痢病《りびょう》（赤痢《せきり》の類）が原因で没した。享年七十八歳。広元死去の知らせは、いち早く京都へも伝えられ、『明月記』六月十四日条には、在京武士の多くが鎌倉へ下向する動きを見せる慌しい状況が記されている。広元の死という幕府の一大事は、御家人た

源頼朝墓裏手の広元墓

ちに大きな動揺を与えたのである。鎌倉には、広元のものと伝えられる墓が、瑞《ずい》泉《せん》寺《じ》と明王院《みょうおういん》を結ぶ山道の途中、および白旗《しらはた》神社裏手の頼朝墓近くの二ヵ所に遺されている。

広元の跡を追うようにして、七月十一日に北条政子が没する。義時に続いて広元、そして北条政子という重鎮を失った

北条執権体制の確立

幕府は、政子の定めた通りに、時房を連署職に据えて執権《しっけん》泰時の補佐役とし、十二月には、集団指導体制を固めるべく、公式の御家人合議機関である評定衆《ひょうじょうしゅう》を置いた。広元の死とともに、北条執権政治の体制作りが急速に進められたことは、幕府とりわけ北条氏にとって広元がいかに大きな存在であったかを示している。

広元が没した七年後の貞永《じょうえい》元年（一二三二）十二月五日の『吾妻鏡』に次のような記事が見える。

故入道前大膳大夫《だいぜんだいぶ》広元朝臣《あそん》、存生の時、幕府の巨細を執行するの間、寿永・元暦以

来京都より到来せる重書ならびに聞書《ききがき》、人々の欵状《かんじょう》、洛中及び南都・北嶺以下の武家より沙汰し来る事の記録、文治以後の領《りょう》家《け》地頭所務の条々式目、平氏合戦の時の東士勲功次第注文等の文書、公要に随い、右筆《ゆうひつ》輩の方に賦《くば》り渡すによりて、所処に散在す。武州（北条泰時）この事を聞き、季氏・浄円・円全等をしてこれを尋ね聚《あつ》めさしめ、目録を整え、左衛門大夫（長井泰秀《やすひで》）に送らると云々。

泰時による広元関係文書の収集

幅広い活動を示す文書群

これによれば、この年の七月に幕府の基本法である『御成敗式目《ごせいばいしきもく》』を定めたばかりの三代執権北条泰時が、大江広元の所有する文書が右筆の許《もと》に散在している現状を知り、それらを集め目録を作成した上で長井泰秀に送ったというのである。ここに列挙された大江広元所有文書群の内容を見ると、朝廷との政治交渉（「寿永・元暦以来京都より到来せる重書ならびに聞書」）、御家人たちの任官要求の将軍への取り次ぎ（「人々の欵状」）、公家・寺社勢力に対する政策（「洛中及び南都・北嶺以下の武家より沙汰し来る

源頼朝墓

事の記録」)、荘園領主と地頭の間の訴訟裁定(「文治以後の領家地頭所務の条々式目」)、合戦後の御家人の論功行賞(「平氏合戦の時の東士勲功次第注文」)といった、幕府官僚としての広元の幅広い活動を反映したものとなっている。

広元を模範とする

これら文書の収集整理が式目制定の年になされたのは、決して偶然のことではあるまい。御家人の合議と法の支配に基づく統治を進めようとする泰時は、広元の許《もと》に集った文書群を頼朝以来の幕府政治の経験の蓄積ととらえ、そこからさまざまな事柄を学びながら以後の政治の手本とすべく、手厚い保護を加えたのであろう。

『吾妻鏡』の編纂材料

文書の送付された長井泰秀は、親広にかわって広元嫡子の立場を得た時広《ときひろ》(広元の次男)の子であり、広元の文書は嫡流の伝来するところとなったのである。長井氏は、北条氏の庶流金沢《かなざわ》氏と親密な関係にあったが、金沢氏が中心となって『吾妻鏡』が編纂されたことを考え合わせると、長井氏に伝来した広元所有文書の多くが、『吾妻鏡』の材料とされたことは想像に難くない。

第十　鎌倉御家人広元の周辺

一　邸宅と所領

邸宅の所在

広元の鎌倉における邸宅の所在地について、『鎌倉史跡辞典』「大江広元亭」の項を参考に推定を試みよう。建保《けんぽ》元年（一二一三）十二月一日に「鎌倉御所近辺の火災」で広元の宿盧《しゅくろ》（「宿所」と同じで鎌倉中の邸宅を指す）が全焼したこと、さらに承久《じょうきゅう》元年（一二一九）正月七日に「鎌倉御所近辺」の広元邸が全焼したことが『吾妻鏡《あずまかがみ》』に見えることから、広元の邸宅は将軍御所《ごしょ》（三代将軍の居所となった大倉《おおくら》幕府）の近くにあったことが判明する。

将軍御所近くに居住

広元の職掌から考えれば将軍御所の近くに居を構えたことは当然であり、建保元年に和田義盛《よしもり》の反乱が発生した際、来客中の広元がただちに実朝の御所へ駆けつけることができたのも、このような条件があったからである。

御所と向き合う立地

また、広元の邸宅を継承したと思われる四男季光《すえみつ》の宿所が、嘉禄《かろく》元年（一二二五）四月三十日に焼亡したことを記す『吾妻鏡』の記事には、宿所が「御所の向かい」にあったとあることから、広元の御所は、大倉御所に向かいあう位置にあったことが分かる（この年の十月に御所は大倉から宇都宮辻子《うつのみやずし》に移転している）。おそらく広元邸は、横大路《よこおおじ》をはさんで将軍御所と向かいあっていたのであろう。和田義盛の乱で、義盛の軍勢が広元邸を襲った後に「横大路御所南西道に到る」と『吾妻鏡』に見えることも、その傍証である。ちなみに近世の史書である『新編相模国風土記稿《しんぺんさがみのくにふどきこう》』「鎌倉郡雪ノ下村」の項に、広元邸について「本書（『吾妻鏡』のこと。引用者注）ニ御所近辺ト載テ、其地名ヲ記サザレド、当時幕府此所ニ在レバ、当村ニ在シ事知ルベシ」とあるのは、的を射た考証というべきである。

時広と季光が分割相続

また『吾妻鏡』によると、宝治《ほうじ》元年（一二四七）に三浦氏の反乱が発生した際、「季光と宅を接する」長井泰秀《やすひで》（時広《ときひろ》の子。季光の甥にあたる）が将軍御所に向かう途中、三浦一族の陣を目指す季光と出会っている。したがって広元の邸宅は、彼の没後におそらく東西に分割されて次男時広と四男季光に相続されたのだろう。承久《じょうきゅう》の乱で後鳥羽《ごとば》方についた長男親広《ちかひろ》が広元邸の継承者たりえなかったことは、いうまでもない。

なお、正治《しょうじ》二年（一二〇〇）六月十六日には、広元邸の「後山麓《うしろのさんろく》」に新造された屋を将軍源頼家《みなもとのよりいえ》が訪れているが、「山水あり。立石あり。納涼逍遥《しょうよう》の地なり」（『吾妻鏡』）と

広元邸跡の誤伝

評されたその場所は、滑川《なめりかわ》を渡った山裾の地を指すものであろうか。現在の鎌倉には、六浦《むつら》道をはるか西に行った十二所《じゅうにそ》付近の滑川南側に「大江広元邸跡」と刻まれた石碑が残されている。だが、同地に広元邸があったことを示す史料は一切なく、同地に近い明王院《みょうおういん》の脇より昇り瑞泉寺《ずいせんじ》に向かう山道（現在「天園ハイキングコース」と名づけられた道）の途中に広元のものと伝えられる墓があることから、江戸時代になって生まれた伝承によるものと考えられる。

所領一覧

広元の所領について述べる。広元のような朝廷の下級実務官人には、およそ相伝の家領のごときものはなかったと思われ、したがって広元の所領は、すべて鎌倉下向後に幕府より与えられたものであったと考えられる。源義経《よしつね》・源行家《ゆきいえ》の「乱逆」への対応に関する功への恩賞《おんしょう》として頼朝より与えられた肥後《ひご》国山本荘以下、広元が集積した所領として確認できるものを表にまとめた。

勲功により集積した所領群

ここに見える所領の中で、周防《すおう》国大島三ヵ荘（嶋末《しまずえ》荘・屋代荘・安下《あげ》荘）、伊勢《いせ》国栗真《くりま》荘・窪田荘、小倭《おやまと》田荘は平家没官《もっかん》領、出羽《でわ》国置賜《おきたま》郡（同郡内国衙《こくが》領・成島《なるしま》荘・屋代荘・北条荘）・寒《さ》河江《がえ》荘が奥州《おうしゅう》合戦における奥州藤原氏からの没収地、武蔵《むさし》国横山荘が和田氏の乱で義盛に味方した横山党からの没収地というように、広元の所領は、幕府が関わる戦乱の終

大江広元の所領・所職

<table>
<tr><th>国名</th><th>所領名</th><th>所職</th></tr>
<tr><td rowspan="5">出羽国</td><td>置賜郡</td><td rowspan="6">地頭職</td></tr>
<tr><td>成島荘</td></tr>
<tr><td>屋代荘</td></tr>
<tr><td>北条荘</td></tr>
<tr><td>寒河江荘</td></tr>
<tr><td>武蔵国</td><td>横山荘</td></tr>
<tr><td>相模国</td><td>下毛利荘</td><td></td></tr>
<tr><td>美濃国</td><td>国分寺</td><td>地頭職</td></tr>
<tr><td rowspan="9">伊勢国</td><td>栗真荘</td><td></td></tr>
<tr><td>窪田荘</td><td></td></tr>
<tr><td>遍法寺領</td><td></td></tr>
<tr><td>慈悲山領</td><td></td></tr>
<tr><td>小倭田荘</td><td>預所職</td></tr>
<tr><td>永富名</td><td></td></tr>
<tr><td>得永名</td><td></td></tr>
<tr><td>福延別名</td><td></td></tr>
<tr><td>石丸名</td><td></td></tr>
<tr><td>近江国</td><td>大与度荘</td><td rowspan="5">地頭職</td></tr>
<tr><td>摂津国</td><td>西桑津荘</td></tr>
<tr><td>伯耆国</td><td>国延保</td></tr>
<tr><td>周防国</td><td>大島三ヵ荘(嶋末荘・屋代荘・安下荘)</td></tr>
<tr><td rowspan="2">肥後国</td><td>山本荘</td></tr>
<tr><td>球磨御領</td><td>預所職</td></tr>
</table>

注　他に、上野国那波荘・武蔵国長井荘・但馬国水谷大社も広元所領であった可能性が高い。所職は、明らかにできたもののみ記した。

結のたびに膨れ上がっていったということができる。また、肥後国球磨御領《くまごりょう》・伊勢国小倭田荘がそうであったように、広元は、多くの関東御領の預所《あずかりどころ》としてその経営に責任を持っていたのではないかと推測される。

相模国下毛利荘

近江国大与度荘

これまでの叙述で説明が不十分であったか、あるいはまったく言及しなかった所領について補足しよう。相模《さがみ》国下毛利《しももり》荘は、建久五年（一一九四）八月八日に相模国日向《ひなた》山に参詣した頼朝に対し、広元が下毛利荘で駄餉《だこう》を献上したことより知られる所領である。この所領は、広元四男の季光に伝領され、その子孫が毛利《もうり》氏と名乗る由来となっている。敏満寺《びんまんじ》領である近江《おうみ》国大与度《おおよど》荘は、鎌倉末の元徳年間のものと思われる年欠近江国敏満寺僧・同寺荘地頭代《じとうだい》申詞記（「胡宮神社文書」、鎌三一二五九）に「当庄（大与度荘）の最初の地頭は、大膳大夫《だいぜんだいぶ》広元朝臣《あそん》なり」と見えることより検出したものである。

近江国高嶋郡横山郷

また、広元が近江国高嶋郡横山郷の地頭職《しき》を領有していたことは、京都大学文学部所蔵「地蔵院文書」所収の年月日欠六波羅下知状《ろくはらげちじょう》（『増訂鎌倉幕府裁許状集　下』補二一号）に「当郷（横山郷）地頭職は、大膳大夫広元朝臣をもって、始めて補任《ぶにん》せらる」とあることより確認できる。なお同文書の記述から、同郷地頭職は、広元の後に近江国の有力御家《ごけ》人《にん》佐々木氏に伝領されており、広元の子供たちには譲与されなかったことも判明する。

肥後国河副荘

さらに所領に準じるものとして、肥前《ひぜん》国河副《かわぞえ》荘内の極楽寺《ごくらくじ》が、広元の御願寺《ぎょがんじ》として建立されたことが知られる。これは、弘安三年（一二八〇）十月五日明尊《めいそん》所職等譲状《ゆずりじょう》案（「高城寺文書」、鎌一四一一五）に、「当寺（極楽寺）は、大膳大夫殿御願寺として免田を立て置かるるなり」と記されていることより判断されるものである。最勝寺《さいしょうじ》領である河副荘と広元の結びつきは確認できないが、同荘の所在する佐嘉《さが》郡には、事実上の鎮西奉行《ちんぜいぶぎょう》所領ともいうべき佐嘉御領があり、広元の兄弟である中原親能《ちかよし》が鎮西奉行の地位にあったと考えられるから、あるいはそのあたりの事情が関係しているのかもしれない。

二　諸史料と伝承

偽書『大江広元日記』

広元が遺した著作物あるいは詩歌の類は一切知られていない。

なお、『国書総目録』に『大江広元日記』なる書物の名があげられ、東京大学史料編纂所・京都府・九州大学（一部のみ）の所蔵とされている。この中から、東京大学史料編纂所所蔵本（同所特殊蒐書《しゅうしょ》『押小路記録《おしこうじきろく》』所収）によって『大江広元日記』の内容を見ると、平治《へいじ》元年（一一五九）から建久七年（一一九六）までの武家・幕府の歴史を、『吾妻鏡』『平治物語』などに基づいて記したものであり、安達盛長《あだちもりなが》に仮託《かたく》して編まれた江戸時代の偽書『盛長私記』からの引用が見られることなどから明らかなように、近世成立の偽書と考えられる。

同書がなぜ押小路家に伝来したかについては、同家が、広元の属した外記《げき》中原氏の本流であったことより一応の説明が可能だが、広元の名を冠した書名の由来は不明である。幕府の記録を多く集めた広元に仮託することが、同書の内容にてらして最もふさわしいと考えられたのであろうか。後世の広元観を理解する上では、同書は興味深い素材となろう。

『和歌真字序集』紙背文書

広元自身が書き記したというわけではないが、在京中の広元に宛てられた文書群とおぼしき『和歌真字《わかまな》序集《じよしゆう》』の紙背《しはい》文書については、広元の活動との具体的な関連が判明するものを選び、本書の中ですでにいくつか紹介してきた。それら以外に、広元と何らかの関わりがあることが推測される各文書中の人名・地名・寺社名などを探すと、「十《じゆう》禅師宮《ぜんじのみや》」（第六号文書）、「鳥羽《とば》」（第八号文書）、「清水寺」（第九号文書）、「淀《よど》」（第十二号文書）、「中《ちゆう》納《な》言《ごん》入道」（第十三号文書。一条能保《よしやす》か）、「前掃部頭《さきのかもんのかみ》」（第十四号文書。中原親能）、「浄土寺」（第十五号文書）などをあげることができる。

安元三年の明法勘文

なお、『紙背文書』で唯一年紀の記された第二号文書は、安元《あんげん》二年（一一七六）十二月日に、「菅原《すがわら》氏」なる人物（名の表記と文書内容より女性であると推測される）が明法《みようぼう》家に対し、土地に付随した年貢負担が売却後にどのような扱いを受けるかについて律令《りつりよう》法上の判断を求めた、いわゆる明法勘文《かんもん》（あるいは法家《ほうか》勘文）と称される文書である。この文書が残された具体的経緯は不詳である。ただ、広元は短期間ながら明法博士に補任された人物であり、また訴訟裁定業務に携わる幕府政所《まんどころ》の職員としての立場上からも、当然律令学への関心と造詣《ぞうけい》は深いものだったろう。あえて想像をたくましくするならば、建久二年の明法博士在任中に入手したものと見ることができるかもしれない。

広元の人柄

『吾妻鏡』をはじめとする諸史料に多くの事蹟を残す広元であるが、彼にまつわる説話・伝承の類は誠に乏しい。いわゆる説話集や軍記物語などに広元が登場する場面はほとんどないといってよい（『平家物語』に登場するわずかな事例は、「第二　新天地鎌倉へ」で紹介した）。

多くの政治的活動とその功績が具体的に知られる一方で、広元個人の人柄を語る史料は意外に見出しにくいが、『吾妻鏡』にはこんな話が見える。武蔵国の御家人である熊《くま》谷直実《がいなおざね》が、法然《ほうねん》に師事し遁世《とんせい》者としての晩年をおくったことはよく知られているだろう。承元《じようげん》二年（一二〇八）九月三日、熊谷直実の子である直家が、十四日に京都東山で死去することを予言した父の往生を見届けるための上洛《じょうらく》を幕府に申し出た。これを聞いた広元は、「兼ねて死期を知ること、権化《ごんげ》にあらざる者、疑い有るに似る」と述べた上で、厚い信仰心による直実の熱心な修行ぶりを称える言葉を発している。自分の死を予言し従容《しょうよう》としてそれに臨む父、父の予言の正しさを確信し往生を見届けようとする子の行動に対し、「権化（人々の救済のために人の形に姿を変えた菩薩《ぼさつ》）でもない者が、前もって死期を悟れるものかどうかは疑わしい」という言葉をもらさずにおれぬ広元は、よくいえば合理的思考の人、悪くいえば冷淡な性格の持ち主といえるだろう。

合理的思考の持ち主

また、同じく『吾妻鏡』に見える、実朝《さねとも》暗殺直前に凶事を察知して思わず落涙《らくるい》した広元が「自分は、成人してから一度も涙を流したことがない私」と語ったという記事も、広元の冷徹な人間像を強調するものといえよう。

冷淡な人間像

文献史料の上から、広元の真の人間性を十全に知ることは容易ではない。広元とは、現実に彼が行なった政治行動のみによって、その人となりを後世に伝えた人物ということになろう。

次に、諸地域に遺された広元の伝承について述べたい。まずは、鎌倉を舞台とした広元の伝承をとりあげる。広元のものと伝えられる墓が、現在鎌倉に二つ遺されているこ

広元の墓

とについてはすでにふれた。そのうちの一つは、瑞泉寺と明王院の間の山道脇にある石造の層塔《そうとう》であり、これが十二所にある「大江広元邸跡」の伝承の根拠となった可能性についてはすでに述べたが、逆にこの墓自体の伝承の由来ははっきりしない。

毛利氏建立の墓

もう一つの広元の墓とされるものは、白旗《しらはた》神社裏手の頼朝《よりとも》墓近くにある。頼朝墓の東側の山の壁面にある三基の五輪供養塔の一つであり、残る二つの供養塔は、それぞれ広元の子季光と島津氏の祖忠久《ただひさ》のものとされている。広元・季光父子の供養塔は、長州《ちょうしゅう》藩主で広元・季光の子孫にあたる毛利斉熙《なりひろ》が文政《ぶんせい》六年（一八二三）に建立《こんりゅう》したものと伝えられ、斉熙の意をうけて鎌倉相承院《そうしょういん》の僧信澄《しんちょう》が起草した広元の事蹟を称える碑文が、現在も供養塔の側に立っている（碑文の内容は『新編相模国風土記稿』「鎌倉郡雪ノ下村」の項に翻刻《ほんこく》されている）。

毛利氏による史跡の創造

江戸時代の地誌である『鎌倉攬勝考《らんしょうこう》』が「土人《どじん》等、大江広元の墓なりといふは訝《いぶか》しき説なり」と指摘するように、同地が古くからの広元の墓所であったとは考えにくく、広元と頼朝の関係、および宝治《ほうじ》合戦で頼朝墓所の法華堂《ほっけどう》において自害した季光の最期を強く意識した毛利氏による「史蹟の創造」であることは想像しやすいだろう。毛利斉熙は、武家政権の祖ともいうべき頼朝の墓の近くに、自らの祖の墓を置くことによって、近世大名としてのアイデンティティーの確立をはかったのであろう。むろんそれは、忠久の墓を同地に立てた島津氏にもあてはまることである。

北条義時墓との関係

広元の墓が建てられた法華堂の東の山という場所に関する興味深い事実として、元仁《げんにん》元年（一二二四）六月十三日に亡くなった二代執権《しっけん》北条義時《よしとき》の墓が、その五日後の十八日に同所に築かれたことがあげられる（『吾妻鏡』）。この時建立された義時の墓所を現在確認することはできないが、広元の墓所との所在地の一致は、決して偶然ではないだろう。江戸時代に毛利氏が広元の墓所を建立するにあたり、義時と同じ「故大将家法華堂東山上」が選定されたのは、『吾妻鏡』の記事を意識して、広元を義時と同格の人物と描く意図があったのではないだろうか。

飯山両社権現社

鎌倉における他の広元の伝承としては、『新編相模国風土記稿』「鎌倉郡鶴岡」の項に見える、広元と季光を祀《まつ》った飯山《いいやま》両社権現《ごんげん》社の話がある。それによれば、毛利氏の居宅があった相模国愛甲《あいこう》郡飯山の名にちなむ同社は、もともと相模国小林郷鳥合原（あるいは鳥合原か）にあったものを、広元十一代の後胤《こういん》にあたる永井儀左衛門元勝《もとかつ》なる人物が、嘉《か》吉《きつ》三年（一四四三）六月に遷座《せんざ》して小祠を建てたものだという。

長谷寺再建の伝承

また、天和《てんな》二年（一六八二）に弁秋《べんしゅう》が著した『相州鎌倉海光山長谷寺事実《そうしゅうかまくらかいこうざんはせでらじじつ》』には、鎌倉の長谷寺が正治《しょうじ》二年（一二〇〇）に広元によって再建されたことが見える。同寺の再建は文永《ぶんえい》年間頃と推定されており、これは広元に仮託した伝承を示すものと思われる。

因幡国にまつわる伝承

鎌倉以外の地方に残る広元伝承というべきものはあまり多くないが、因幡国《いなば》（現在の鳥取県）の地域に、次のような三つの広元伝承が見られることは興味深い。

大江神社

①八上郡《やかみ》の大江神社は、貞観《じょうがん》年中に因幡守大江氏雄《うじかつ》が再建したもので、後に広元が氏神として崇敬した神社と伝えられる。

酒賀神社

②岩井郡の酒賀神社には、因幡守在任中の広元より社領として「栃本《とちもと》・石井谷・大石・上地《あじ》・楠城《なわしろ》」が寄進されたと伝えられる。

倉田八幡宮

③邑美郡《おうみ》の倉田八幡宮の社殿は、因幡守在任中の広元が造営したものと伝えられる。

「因幡守大江氏雄」なる人物の実在が確認できないなど、内容自体に歴史的な矛盾を孕《はら》む伝承であるが、実際に広元が因幡守に任じられていたことが、広元との関わりを持つ伝承がある程度まとまって因幡国地域に見られる背景にあったものと思われる。

ただし、広元自身が因幡国に下向したとは考えられず、また因幡守であった期間は一年に満たない短いものであったから、これらの伝承を、因幡の国司としての広元の事蹟そのものととるわけにはいかないだろう。具体的な史料の裏付けがあるわけではないが、歴史に大きな足跡を残した広元の名が「因幡守」あるいは「因幡前司」という官途《かんと》とともに意識され、古い由緒《ゆいしょ》と権勢者の保護を標榜《ひょうぼう》することで社格の維持をはかろうとする因幡国の神社の多くが、広元との結びつきに関する伝承を残すことになったのではないか。また、戦国時代の因幡国が、広元の後裔《こうえい》である毛利氏の強い影響下に置かれたことも関係していると思われる。

出羽国寒河江

この他、広元の所領の一つで、長男親広の子孫が土着した出羽国寒河江の地に残る伝承としては、柴橋村の落衣《おとも》にあった十一面観音像を、広元の夫人が尊崇していたという話が残されている（『出羽国風土記』）。さらに、肥後国原口村（現熊本県合志《ごうし》町）には、広元が開基《かいき》とされる西光寺《さいこうじ》跡が遺されている。これは、広元が肥後国球磨御領の預所であったことと関係するものであろうか。

肥後国原口村

広島の名の由来

またユニークな伝承としては、毛利輝元《てるもと》が城下町を建設するにあたり、父祖広元と土地選定にあたった福島元長《もとなが》の名を組み合わせて「広島」の名を定めたというものがある（デルタ状の島が多いことが「広島」の由来とする説もある）。

三　子孫たち

『尊卑分脈《そんぴぶんみゃく》』『江氏家譜《ごうしかふ》』などの系図によると、広元には七男四女がいたことが確かめられる。

長子親広

長子の親広は、『関東開闢《かんとうかいびゃく》皇代《こうだい》并《ならびに》年代記《ねんだいき》』に「広元嫡子《ちゃくし》」とあるように、広元の後継者の立場にあった人物である。親広については、本書のこれまでの叙述でしばしば言及しており、ここでそれらをくりかえすことはしないが、承久の乱で後鳥羽上皇方について敗れた後の彼の動向について述べたい。

出羽国寒河江荘で余生を送る

親広は、上皇方の敗色が決定的となった承久三年（一二二一）六月十四日に、近江国関寺付近で行方《ゆくえ》をくらます。親広がいかなる経路をとって落ちのびたのかは分からないが、その後の彼は、出羽国寒河江荘の吉川邑《むら》に潜み、同地で余生を送ることとなる。親広が寒河江荘を潜伏先に選んだ理由には、摂関家《せっかんけ》領である同荘の地頭職が、奥州《おうしゅう》合戦後に広元の所領になっていたことがあげられる。

承久の乱の処分

承久の乱での親広の所業《しょぎょう》に対する幕府の処分の経緯は、明らかではない。広元たち一族の助命があったのかもしれないが、父広元の多大な功績とともに、親広の子の佐房《すけふさ》が幕府軍に加わり奮戦したこと、在京の武士として後鳥羽の命令に応じたことはやむをえないこととする弁護論などさまざまな理由によって親広は処刑を免れ、出羽国寒河江荘への流罪《るざい》という形での処分を受けたのであろう。

源姓の名乗りに関わる所伝

寒河江の地に伝来する安中坊《あんちゅうぼう》大江家所蔵『安中坊系図』には、親広が建久三年（一一九二）に父の所領である寒河江荘を得ており、広元の代官として寒河江荘吉川邑に下向していた「飛驒守《ひだのかみ》源仁綱《ひとつな》」なる人物が親広の母の父であった関係で、親広が源姓を名乗ったという記述がある。同史料によれば、「飛驒守源仁綱」は摂津源氏の多田《ただ》氏の一族で、また「安中坊」とは、源仁綱が吉川邑に建立した阿弥陀堂《あみだどう》を起源とする坊の名とされる。だが、建久三年という段階はいまだ親広の公的活動が見えない時期であり、その時点での荘園所職の譲渡の事実は想定しにくい。また本書の中ですでにふれたように、親広の源姓の名乗りは、源通親《みちちか》の猶子《ゆうし》になった縁によるものと見るべきである。多田仁綱という人物が『安中坊系図』以外に見えないことなどをも考えあわせれば、この所伝は極めて疑わしいといわざるをえない。

むろん、鎌倉に常勤している広元の代官が寒河江荘にいたことは疑いなく、親広がその人物を頼って同地に逃れたことは十分に想定できるし、承久の乱以前に親広自身が寒河江荘の所職を持っていた可能性は否定できないが、親広の寒河江荘潜伏の理由としては、同荘が広元もしくは親広の家領であった事実以上のことは指摘できないだろう。

広元の訃報に接す

『金仲山《きんちゅうざん》眼明《がんみょう》阿弥陀《あみだ》尊略縁起《そんりゃくえんぎ》』によると、父広元の訃報《ふほう》に接した親広は、鎌倉にいた子の佐房に命じて阿弥陀像を彫らせ、遺骨を収めた後、寒河江荘吉川邑に堂舎を建て安置したという。寒河江は、まさに広元ゆかりの地でもあった。

親広の赦免

『安中坊系図』によれば、親広は仁治《にんじ》二年（一二四一）十二月十五日に没している。また『天文本《てんぶんぼん》大江系図』に見える「関東御勘気《ごかんき》の後は、御免《おゆるし》あって、式部少輔《しきぶのしょうゆう》入道遠江《とおとうみ》守武蔵と号す」という記述や、『金仲山眼明阿弥陀尊略縁起』における「（仁治二年）よりさき、関東の赦令《しゃれい》下るにあたり、親広愁眉《しゅうび》を開く」という記述を信ずれば、親広は、存命中に公式に罪を許されたらしい。その結果、寒河江荘地頭職は晴れて親広の子孫が相伝することになり、親広の次男高元《たかもと》とその子孫に継承されている。

子孫の土着化

地頭は原則として鎌倉に拠点を置くのが常であったが、鎌倉時代の末期になると、次第に地頭御家人は現地へ下向するようになり、寒河江荘の場合、高元の曾孫である元顕《もとあき》の現地入部《にゅうぶ》が確認されている。以後、出羽国寒河江の地に広元の子孫たちが土着し、武士団として発展して行く。

竹殿という女性

親広に関しては、もう一つだけ指摘しておきたいことがある。『尊卑分脈』によれば、北条義時の娘の一人で「竹殿《たけどの》」と号された女性が、親広の「妾《しょう》」となっている。他にこのことを裏付ける史料はないが、広元と義時との関係からすれば十分に想定しうる姻《いん》戚《せき》関係である。興味深いのは、『尊卑分脈』がこの女性に対して「後に内大臣土御門定《つちみかどさだ》通《みち》の妾となった」という趣旨の注記をしていることである。定通は源通親の四男にあたる人物であり、推測になるが、この女性は承久の乱で謀叛人となった親広の許を去った後、広元と土御門家の縁故を頼って定通に再嫁《さいか》したのではないだろうか。ちなみに、定通の兄で通親の次男にあたる通具《みちとも》（堀川流の祖）は一流の文人として知られる人物であったが、広元は彼に「帰伏《きふく》」（服従）していたという（『明月記《めいげつき》』安貞元年九月二日条）。通親のみならず、彼に次ぐ世代の人物と広元の結びつきも極めて強いものであったことがうかがえよう。

次男長井時広

『尊卑分脈』などの系図上で広元の次男とされる時広は、承久の乱で失脚した兄にかわって広元流大江氏の嫡流となり、長井氏の祖となった人物である。彼とその子孫の名乗りである「長井」の由来は、必ずしもはっきりしない。当然ながら父広元の所領であった出羽国長井荘（置賜郡の所領の総称）との関係が想定されるが、時広と出羽国のつながりは見出せず、『宇部《うべ》福原家系譜』の「武州《ぶしゅう》長井に住む。よりて長井と号す」という記事などから、武蔵国の長井荘に由来するという考えが有力視される。

武蔵国長井荘

武蔵国長井荘は、平安時代末期には平家領であり、鎌倉幕府成立後和田義盛の所領となったものの、和田氏の乱が起きた建保元年（一二一三）に没収されて安達時長《ときなが》の所領となった荘園である。その後の沿革は明らかでなく、広元の一族との関わりも定かではない。ただ、広元は和田氏の乱後に武蔵国横山荘を得ているから、その頃に武蔵国との関係が生じたのかもしれない。あるいは、何らかの事情で長井荘が広元の手に帰する経緯があったのであろうか。

実朝任大将慶賀の前駆

『吾妻鏡』の中での時広の名は、建保六年（一二一八）六月十四日条にはじめて登場する。五月十七日に順徳《じゅんとく》天皇の蔵人《くろうど》に補された時広が、源実朝の任大将慶賀の鶴岡八幡宮神拝に前駆を勤めるために二十八日に京を発ち、この日鎌倉に到着したのというのが記事の内容である。

実朝から帰京を許されず

『吾妻鏡』は、さらに時広に関する次のようなエピソードを記す。六月二十七日の実朝鶴岡八幡宮神拝に続いて七月八日の実朝直衣《のうし》始に参仕した時広は、すぐに京都に帰るつもりであった。だが、八月二十日に時広が上洛の許可を願い出ると、実朝は不快の念をあらわし、「いくら蔵人になったからといっても、一旦鎌倉に下向した後に再び京都に戻るのは、関東を軽んじているからである」と述べて、取り次ぎ役の政所執事二階堂行村《ゆきむら》を困惑させている。あわてた時広は、「決して幕府より朝廷の方を大事にしているわけではありません。しかし、自分は検非違使《けびいし》となることを望んでおり、そのために必要な蔵人としての勤めが終わっていないので、京都に戻って朝廷での奉公を続けるのです」と弁明しているが、行村は再度の取り次ぎを拒んでいる。このような弁明では、到底実朝を納得させることができないと判断したのだろう。

検非違使任官への執着

やむなく時広は北条義時にすがって、ようやく実朝からの上洛許可を得ているのだが、時広の検非違使への執着ぶりは、父広元の検非違使へのこだわりに通じるものがあるといえよう。このエピソードからも分かるように、時広は京都に基盤を置く御家人であった。父広元の死に際しても、京を離れて関東へ下向することはしないと明言したというから（『明月記』）、在京武士としての自負はかなりのものであったといえる。長子親広も在京歴の豊富な武士であったが、広元には、自らは鎌倉に拠点を置きながら、一族の活動を通して京都との結びつきを長く持ちつづけようとする志向が、かなり強くあったように思われる。

京都との結びつき

備後国守護

時広は、承久の乱後に備後《びんご》国の守護に任命されており、乱後の緊迫した状況の中で西国の御家人勢力を掌握するという重要任務の一翼に加えられている。なお、『尊卑分脈』の「時広」の項には「関東評定衆《ひょうじょうしゅう》」という注記があるが、彼の評定衆就任の事実は他の史料からは確かめられない。時広は、実朝が暗殺された翌日の承久元年（一二一九）正月二十八日に、兄親広とともに出家しており（法名斎阿《さいあ》）、仁治二年（一二四一）五月二十八日に没している。

時広流が幕府要職を世襲

時広の子孫からは幕府の要職に任じられた人物が多数輩出している。時広の長子泰秀は、時広が没した直後の仁治二年六月に、関東評定衆に任じられている（『関東評定伝』）。この就任が父の地位を継承したものであるならば、時広が関東評定衆であったとする『尊卑分脈』の記述は正しいことになる。この他、泰秀の弟にあたる泰重《やすしげ》・泰茂《やすしげ》が六波羅評定衆に、泰秀の子である時秀が関東評定衆・引付衆《ひきつけしゅう》に、孫の宗秀《むねひで》が評定衆・引付衆という具合に、広元の子孫の中では、ほぼ時広流のみが幕府の要職（特に関東評定衆）を世襲し続けており、これは、時広流が広元流大江氏の嫡流であることを端的に示す事実である。

すでに本書の中で紹介した、執権北条泰時《やすとき》の命によって、分散した広元関係文書が新たに作成された目録とともに泰秀に送付されたという話もまた、時広流の嫡流としての立場をよく物語るものである。また、泰秀の孫にあたる宗秀を指して「大膳大夫広元の嫡流」と称する文書も確認できる（「東大寺文書」嘉暦元年七月日東大寺衆徒《しゅと》等申状土代《もうしじょうどだい》、鎌二九五三八）。

三男那波宗元

三男（便宜上『尊卑分脈』の記載順に従った表現。以下同様）の宗元《むねもと》（宗光《むねみつ》とも。本名正広《まさひろ》）は、上《こう》野《ずけ》国那波《なば》荘に由来する「那波」を名乗りとしている。平安時代の那波荘では、開発領《かいほつりょう》主《しゅ》と思われる秀郷《ひでさと》流藤原氏の那波氏が勢力を誇っていたが、治承・寿永の内乱で源義仲《よしなか》方についたことにより同氏は没落する。その後に那波荘は広元の所領となったのだろう。『系図纂要《けいずさんよう》』には、那波宗澄《むねずみ》が娘を宗元と結婚させ養子としたという記述が見える。同地には、長く宗元の子孫が勢力を維持している。

四男毛利季光

四男季光は、建仁《けんにん》二年（一二〇二）生まれで、兄たち同様に将軍実朝の側近となり、実朝の死とともに出家している（法名西阿《さいあ》）。彼の名乗りである「毛利」は、父広元より譲られた相模国毛利荘を本拠としたことにちなむ。

執権体制下での台頭

季光は、承久の乱に際し主力の東海道軍に属して華々しい戦功をあげ、乱後の京都における北条泰時・時房たちとの評議にも参加するなど、めざましい活躍を見せる。天福《てんぷく》元年（一二三三）には関東評定衆に列し（『関東評定伝』）、また娘を北条時頼《ときより》に嫁がせるなど、次第に執権体制下での地位を台頭させていった。その昇進ぶりは兄時広をしのぐものであり、彼の子孫が広元流大江氏嫡流の立場を得る可能性も十分にあったと思われるが、宝治元年（一二四七）におきた三浦氏の乱（いわゆる宝治合戦）において季光流は大打撃を受けることとなる。

宝治合戦で自刃

『吾妻鏡』の語るところによれば、女婿である時頼に味方しようとした季光に対し、季光の妻（三浦泰村《やすむら》の妹）が、長い間縁者の関係にある三浦一族を裏切って北条氏の側につくことは「武士のすることではない」と諫《いさ》め、そのために季光は泰村の陣に向かったという。そして季光は、乱に敗れた三浦一族と運命を共にし、頼朝墓所のある法華堂で自刃している。前述したように、法華堂の裏山には広元と並んで季光の墓が建立されているが、その背景の一つには、このような季光の最期の様子があったのである。

ちなみにこの時、季光と宅を接する泰秀（季光の甥にあたる）が将軍御所に向かう途中で、三浦一族の陣を目指す季光と出会っている。泰秀は、あえて季光を制止しなかったが、それは近親者の好によるものではなく、泰村の陣に加わる季光の意志を貫かせた上で、ともどもに討ち取ることが「武道有《う》情《じょう》に叶う」と考えたからであったと『吾妻鏡』は記している。

季光の子の中では、わずかに四男経光《つねみつ》のみが死を免れて家領である越後《えちご》国佐橋《さばし》荘に移り住むこととなった。謀叛人の所領となった相模国毛利荘が幕府に没収されたことはいうまでもないが、辛うじて毛利姓を名乗ることだけは許された。後に、経光の子孫から、承久の乱後に季光が恩賞として与えられたと思われる安芸《あき》国吉田荘を拠点とする武士が現われ、これが戦国大名毛利氏へと発展していくのである。

戦国大名毛利氏へ発展

広元の末子にあたるのは、「海東《かいとう》」を名乗る忠成《ただなり》である（彼を広元の末子と判断した根拠は後述）。彼は、寛元《かんげん》三年（一二四五）に関東評定衆となったものの、宝治元年には、三浦氏の乱に加わった兄季光に加担した罪を問われ評定衆を辞している。また彼は、『続古今《ぞくこきん》和歌集』『玉葉《ぎょくよう》和歌集』に作歌が選ばれているように歌人でもあった（『尊卑分脈』）。

末子海東忠成

忠成は、れっきとした幕府の要職を勤めた人物であり、またその子孫からも六波羅評定衆に任じられた者が出ているが、幕府内での事蹟はほとんど明らかにできない。名乗りの「海東」についても、尾張《おわり》国海東郡にあった蓮華王院《れんげおういん》領海東荘との関係が推測されるものの、忠成あるいは父広元と同荘との関わりを確かめることはできない。ただし『尊卑分脈』によれば、忠成は熱田大宮司《あつただいぐうじ》家の忠兼《ただかね》の猶子《ゆうし》となっており、尾張国との関

熱田大宮司忠兼の猶子

わりを持つ人物であったから、彼が尾張国海東郡あるいは海東荘に拠点を持っていたことはまず間違いないだろう。

『古今著聞集』の怪異譚

彼に関する注目すべき史料として、『古今著聞集《ここんちょもんじゅう》』第七一二段「伊勢国別保《わけのほ》の浦人人魚を獲て前刑部少輔忠盛《ぎょうぶのしょうゆうただもり》に献上の事」があげられる。同段の内容はその表題が示すごとく、「前刑部少輔忠盛」が伊勢国別保に下った際、捕獲された「人魚」を浦人より献上されたという怪異譚である。話の舞台が伊勢国であることから、この「忠盛」を著名な伊勢平氏の忠盛（清盛《きよもり》の父）ととる向きもあるが、基本的に編年順に説話が配置されている『古今著聞集』の中で、この段は明らかに鎌倉時代前期のものにあたり、平忠盛の説話としてはふさわしくない。

伊勢国栗真荘

そこで、この「忠盛」は「忠成」の書き誤りではないか、という推測が浮上する。「盛」と「成」は、書写の際にしばしば書き間違えられる字であり、忠成は確かに「刑部少輔」に任じられていた（『尊卑分脈』）。また別保は、伊勢国奄芸《あんき》郡に所在する伊勢神宮の所領であるが（『皇大神宮《こうたいじんぐう》年中行事』）、奄芸郡には、忠成の父広元の所領である栗真荘があった。以上のことより、『古今著聞集』に登場したのは広元の子の忠成であり、彼は父より伊勢国の所領を譲られていたことが判断されよう。

凶徒追討のための伊勢へ下向

この判断を裏付ける史料として、『民経記《みんけいき》』安貞元年（一二二七）七月五日条にみえる「新蔵人大江忠成入道広元朝臣末子凶徒の事により勢州《せいしゅう》に下向すべしと云々。当職その憚《はばか》りあらば叙爵《じょしゃく》すべしと云々（中略）先例、蔵人城外の事においてはすこぶる有り難きか」という記事がある。まずこの記事より、忠成は広元の末子で、安貞元年頃に蔵人となっていたことが判明する。また、この時彼が「凶徒」の追討のために伊勢に下向しようとしたため、『民経記』の記主である藤原経光《つねみつ》は、蔵人が現任のままで「城外（平安京の外側の領域）」に赴くという異例の行動に疑義を示したことが読み取れる。忠成が伊勢国に下向することとなったのは、彼が伊勢国に地頭職などの所領を有することの傍証とできるだろう。伊勢国の「凶徒」とは、『吾妻鏡』安貞元年四月二十三日条に見える「西国悪党の蜂起」に関係するものであろうか。

僧侶尊俊

この他、広元の子には、園城寺《おんじょうじ》の僧侶となり大僧都《だいそうず》まで上った尊俊《そんしゅん》がいる。忠成が末子の六男であるならば、彼は五男ということになるかもしれないが、このあたりの厳密な兄弟順の特定は困難である。この尊俊に関しては、出羽国寒河江荘にある古刹《こさつ》慈恩《じおん》寺《じ》の別当に任じられたという伝承が残されている（『慈恩寺伽藍記《がらんき》』）。慈恩寺は親広の子孫を外護としており、ありえない話ではないが、史料的裏付けは得られない。

猶子水谷重清

『尊卑分脈』には広元の男としてもう一人重清《しげきよ》の名が見えるが、彼は広元の姉妹の子すなわち甥であり、広元の猶子となった人物である。重清の実父に関しては、藤原長良《ながら》流の重輔《しげすけ》および藤原宇合《うまかい》流の重保《しげやす》という二つの説が『尊卑分脈』に見える。彼とその子孫は水谷を名乗りとしている。水谷は、鎌倉幕府を領家とする但馬《たじま》国三宮《さんのみや》水谷大社（養父水谷大明神）に由来する名であり、重清の孫で六波羅《ろくはら》評定衆をつとめた清有《きよあり》が同社の預所と地頭を兼ねていたことが確かめられる（弘安八年十二月日但馬国太田文《おおたぶみ》、鎌一五七七四）。同社は関東御領であり、あるいは広元の代まで領有関係がさかのぼるかもしれない。『吾妻鏡』建保元年（一二一三）五月十七日条に、和田氏の乱に与同《よどう》した罪で没収された山内政《やまのうちまさ》宣《のぶ》の所領である武蔵国大河戸御《おおかわどのみ》厨《くりや》内八条郷が「式部《しきぶ》大夫重清」に与えられたという記事が見える。「式部大夫」とは式部丞《じょう》を経た後に五位を与えられた者を指し、重清が式部丞に任官したことは確かめられないものの、これが広元猶子の重清にあたる可能性は否定できない。

広元流武士団の分布

以上、広元の七人の男子について見てきた。僧侶となった尊俊を除く六人の男子が拠点とした所領は、出羽国・武蔵国・上野国・安芸国・尾張国・伊勢国・但馬国と全国各地に展開しており、広元の流れをくむ武士団が極めて広範囲に分布したことを物語る。

ただし、これら同族集団が、幕府内の政変などに際し団結して行動したとはいいがたい。だが、逆にそのことが、広元流の武士団の命脈を長く保たせた要因であるともいえようか。ちなみに、建久四年（一一九三）二月七日に、広元の子息である「摩尼珠《まにじゅ》」が伊豆《いず》箱根山児童《じどう》に選ばれたことが『吾妻鏡』に見える。この童が誰にあたるかは、容易に判断しえない。

広元の女子

次に広元の女子についてみよう。長女は、飛鳥井雅経《あすかいまさつね》の室となっている。雅経は、歌道・蹴鞠《けまり》の家として名高い飛鳥井家の祖となった人物で、しばしば関東へ下向して頼家・実朝に歌・蹴鞠を教授している。雅経は、藤原定家から実朝への和歌集の贈与が行なわれた際に広元と交渉を持っている。

次女は、大外記中原師業《もりなり》の室、四女は、権大納言《ごんだいなごん》藤原実国《さねくに》の室となっている。ところで、三女について『尊卑分脈』など諸系図は、「贈内大臣義朝《よしとも》妻」すなわち源義朝（頼朝の父）の妻であったと記しているが、明らかに年代が合わず、これは明らかな誤伝であると判断される。なおこの他、『続群書類従《ぞくぐんしょるいじゅう》』所収「中原系図」には、広元の女子に藤原公国《きんくに》の室となり実光《さねみつ》の母となった人物がいたことが見える。正治二年（一二〇〇）十一月十五日の五節《ごせち》に、広元が源通親に命じられて参議藤原公国の舞姫に付き従う童女を献じたことを前述したが、これは姻戚関係の縁によるものだったことが分かる。

広元夫人は出自不明

ところで、以上紹介した広元の子供たちの母親に関しては、諸系図に一切記述が見られない。すなわち、広元の夫人についてはまったく不明なのである。わずかに、長子親広をめぐる所伝に、彼の母が「飛騨守源仁綱」の娘であると見えるものの、良質の史料の記述とはいいがたい。おそらく広元は、下級官人として京にいた頃、比較的身分の低い出自の女性を妻としていたために、諸史料にその系譜が確認できないのだろう。

弟季厳とその子教厳

広元の一族に関して、さらに若干の事柄を付言したい。すでに述べた通り、広元の弟である醍醐寺《だいごじ》僧季厳《きげん》は、京における源氏の氏神である六条八幡宮の初代別当に任じられたが、国立歴史民俗博物館所蔵『田中穣氏旧蔵典籍古文書』に収められた「六条八幡宮別当補任次第」によれば、二代目別当は、広元の甥である教厳《きょうげん》という僧であった。彼は、季厳の男であったと見てまず間違いないだろう。

外孫実深

また同史料は、三代目の別当について「宗（「実」の誤り）深　母広元息女　公国卿子」と記す。これは、先に述べた広元の女子に藤原公国の室となった者がいたという「中原系図」の記述を裏付けるものであるとともに、三代目の別当に、広元の外孫《がいそん》が任じられていたことを示す記述である。外孫とはいえ、広元は実深《じつしん》を「収養」（引き取って養い育てることしていたことが元亨《げんこう》二年（一三二二）四月日隆舜《りゅうしゅん》申状案（「醍醐寺文書」、鎌二八〇一〇）より知られる。ちなみに同文書および元応《げんおう》二年（一三二〇）九月二十二日運雅《うんが》譲状（『鎌倉遺文』未収）によると、広元は隆舜の蓮蔵院入寺に際し、家領の中から伯耆《ほうき》国国延保《くにのぶ》・摂津国西桑津荘・美濃《みの》国国分寺・肥後国山本荘の地頭職を祈禱料足として分け与えている。

教厳・実深はともに醍醐寺蓮蔵院院主であり、これ以後、六条八幡宮別当職には同院主が補任されるようになっている。このように、鎌倉幕府にゆかりのある寺院の経営にも、広元の一族は深い関わりを持っていたのである。

むすびに

——広元の政治的評価——

『大日本史』の評価

広元の事蹟に関する評価は、近世以来、武家政権の礎《いしずえ》となった守護《しゅご》・地頭《じとう》制度の提言者としての役割を中心として述べられることが、なかば通例となっている。たとえば水戸の『大日本史』は、広元の伝記を、第百九十九巻列伝百二十六「将軍家臣」九において中原親能《ちかよし》・三善康信《みよしやすのぶ》・藤原（二階堂《にかいどう》）行政《ゆきまさ》とともに叙述するが、文治元年の頼朝《よりとも》に対する「守護地頭設置の建議」の功を特筆した上で、「およそ幕府、重事奏請あるごとに、命を含んで往来す。皆允可《いんか》を被り、朝章を諳練《あんれん》し、政事に明達す。頼朝、武威《ぶい》を振耀《しんよう》し、天下に号令するを得るは、広元・三善康信等の功、多し」と述べている。ちなみに、大義名分論の史観に立つ『大日本史』は、承久《じょうきゅう》の乱で後鳥羽《ごとば》方について戦った親広《ちかひろ》を高く評価し、その伝記を広元より前の箇所に収めている。

守護・地頭制確立の功労者

すでに本書の中で詳しく述べたように、守護・地頭制の「創出」を広元の功績というわけにはいかず、『大日本史』や『読史余論《とくしよろん》』が広元と同格の功績を評される人物として三善康信をあげているように、文治元年の時点では幕府文官層の中で広元の役割のみを重視することはできないが、翌文治二年の公武交渉における活躍などを含めてみるならば、広元はまぎれもなく守護・地頭制を確立させた最大の功労者であるといえる。

幕府支配体制を強化

一方、広元評価に関わる問題点としては、武家政権の発展をもたらした広元の功績が、決して守護・地頭制の問題のみでは語り尽くせないということも指摘しなければならない。鎌倉幕府にとっての広元の功績は、幕府への忠誠を生涯にわたって貫き、幕府の支配体制を守り抜きながら、東国武士団の利益を擁護するためにさまざまな政治課題の克服に力を尽くしたことに求められるだろう。

頼朝の分身

頼朝将軍期には、広元の「幕府への忠誠」は「将軍への忠誠」と同義であり、彼は幕府の優秀な官僚であるとともに頼朝の良き分身であり続けた。『尊卑分脈《そんぴぶんみゃく》』には、広元が「頼朝の兄弟の儀」によって一代限り源を号したと記されるが、広元を「源広元」と記す史料は残されていない。『尊卑分脈』の記述は、史実の忠実な表現というよりも、頼朝の存在と一体となった広元の立場に対する伝承の一種と理解すべきものだろう。

有力御家人合議体の一員

将軍の地位が頼家《よりいえ》、そして実朝《さねとも》へ移ってからも、広元の将軍に対する奉仕は何ら変わることはなかったが、幕府の体制を維持し発展させるべく、広元は将軍側近の立場を貫きながら、幕府の意志決定に力を持ち始めた有力御家人《ごけにん》合議体の一員として活動した。

その後の幕府内における激しい権力闘争をくぐり抜けた広元の生き様は、一見すると、常に強者の側に立って巧みに政争を勝ち抜いたもののようにうつる。しかし、実際の広元の事蹟を見るならば、いつも安全な場所を確保して保身をはかる官僚として行動していたわけではなく、将軍の側近として幕府体制を擁護《ようご》する姿勢を微塵《みじん》たりともゆるがせにせぬ頑固な姿が読み取れるように思う。東国武士たちの「私戦」の中で広元が落命する可能性はかなり高かったのではないか。

京都との関係

また広元は、いわゆる鎌倉における「京下りの官人」の代表的人物とされるが、決して京都での生活と縁を切って鎌倉に活動の場を移したわけではない。頻繁に京・鎌倉間の往復をしたのみならず、幕府要人の立場にありつづける一方で、朝廷官職への任官と位階の昇進を続けた。また、長子親広を有力貴族である源通親《みなもとのみちちか》の猶子《ゆうし》とし、次子時広《ときひろ》には在京武士として朝廷に奉公する道を歩み続けさせ、女子の多くを公家と結婚させている。

広元は、単に将軍や幕府に忠誠を貫いただけでなく、鎌倉幕府の存在を前提にした国家秩序のあり方を守るためにその生涯を費やした。承久の乱における彼の強硬な態度の由来も、そのような彼の生き方に求めることができる。

武家政権の礎

広元は、鎌倉幕府政治の展開において、将軍中心の政治体制から執権《しっけん》中心の政治体制への移行を実現し、日本における武家政権の歴史の礎が築かれる上で、極めて大きな役割を果たした人物である。日本における武家政権成立と長期にわたる存続は、かなりの部分を広元の事蹟に負っているといって良い。武家が、単なる戦闘集団であるにとどまらず、有能な文筆官僚を擁することではじめて安定的な政権の担い手になれることを、広元は身をもって示したといえるだろう。

北条氏の信頼

そのような広元に対して、最も高い評価を与えて大きな信頼を寄せたのは、他ならぬ北条氏であった。北条義時《よしとき》と大江広元の協調体制が、実朝将軍期の幕政運営に大きな力を発揮したことは、すでに述べたとおりである。

『御成敗式目』制定の機縁

義時と広元があいついで没した後、幕府を率いることとなった執権北条泰時《やすとき》は、広元の所有する文書を収集することで、広元の政治的経験を確保し、自らの政策遂行に活かそうと努めた。泰時による『御成敗式目《ごせいばいしきもく》』制定は、広元が没したことを機に、頼朝の時代の政治方針が明文化されたことを意味する。広元がさらに長寿を保ったならば、あるいは『御成敗式目』はもっと遅れて制定されていたかもしれない。

藤原保季殺害人処罰

最後に、広元と泰時に関わる注目すべき『吾妻鏡《あずまかがみ》』の記述を紹介して、本書の結びとしたい。『吾妻鏡』正治《しょうじ》二年（一二〇〇）四月十日条に、京都で若狭前司《わかさのぜんじ》藤原保季《やすすえ》を殺害した犯人の処罰に関し、広元が義時に質問したという話が見えることは、すでに述べた。

泰時の発言

『吾妻鏡』にはさらに、義時の長子で弱冠十八歳の泰時が、「郎従《ろうじゅう》の身として、諸院宮昇殿者の者を殺害すること、武士においては指せる本意にあらず。白昼の所行罪科重きにや。直ちに使庁に召し進《まい》らし、誅《ちゅう》せらるべき者か」と厳罰方針の意見を述べ、この答えに感動した広元が「感嘆落涙《らくるい》に及んだ」という話を載せる。

泰時顕彰のための捏造

『明月記《めいげつき》』の記述（三月二十九日条など）より、殺害犯は中原親能の家人《けにん》であり、在京武士の佐々木広綱と主人親能の手を経て使庁に引き渡されたことが分かるが、さらにそればかりでなく、実は『吾妻鏡』に見える泰時の言葉は、ほとんど『明月記』の記述の引き写しであることも確認できるのである。『吾妻鏡』の原史料の一つに『明月記』があることは古くより指摘されているが、要するに先の『吾妻鏡』の記事は、『明月記』の記事を用いて捏造《ねつぞう》された北条泰時顕彰記事の一つなのである。

広元の後継泰時をアピール

『吾妻鏡』におけるこの記事捏造《ねつぞう》の目的は何か。あくまで想像に過ぎないが、「成人してから実朝の暗殺の日まで泣いたことがない」という広元の冷徹なイメージを逆に利用して、広元亡き後の幕府政治を預かるにふさわしい泰時の姿を強調し、広元の政治の継承者としての泰時の存在をアピールする意味があったのではないだろうか。

広元の死と泰時の政治の始まりによって、鎌倉幕府の歴史はまったく新たな段階に入ったのである。

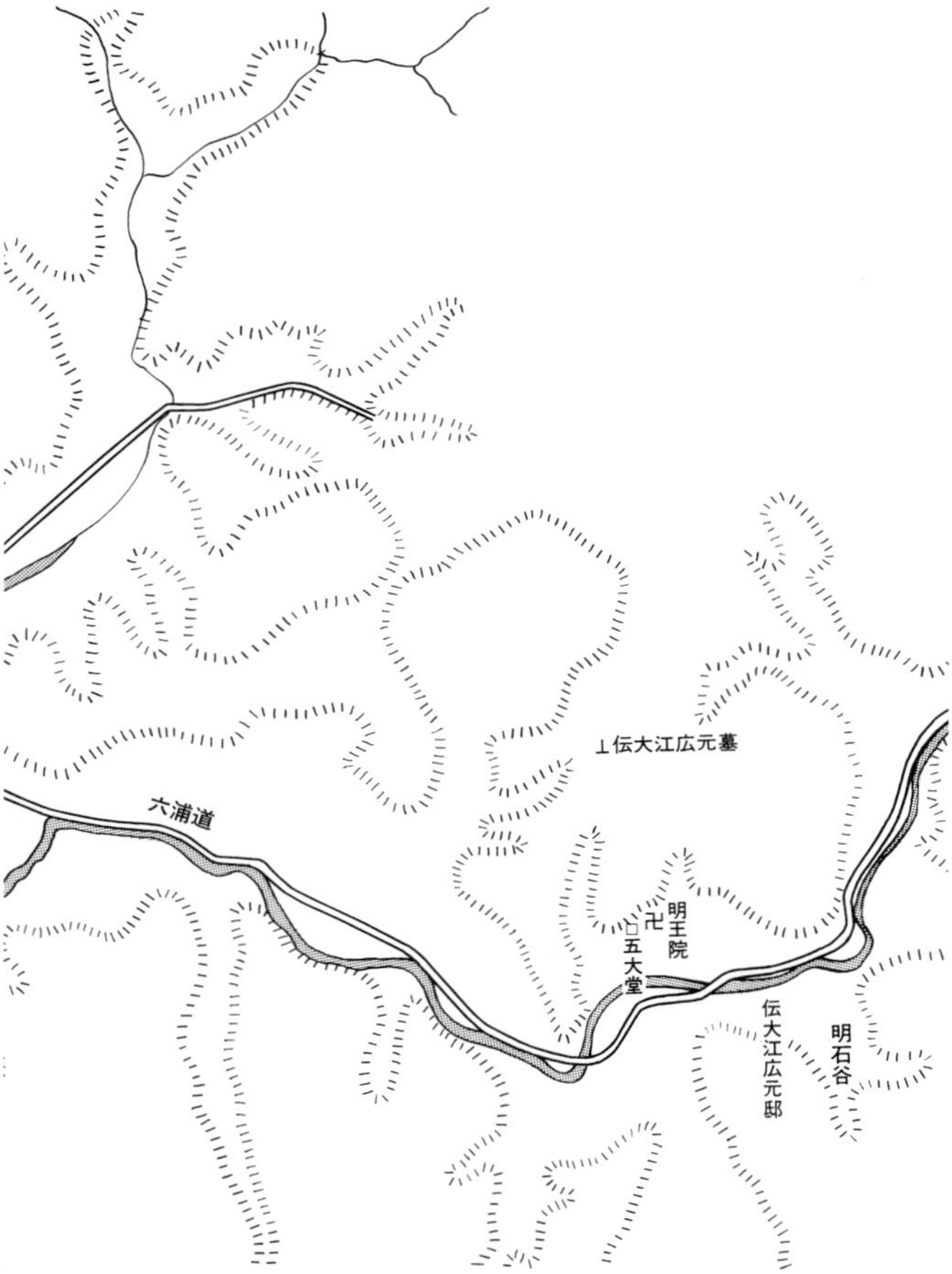
伝大江広元墓
六浦道
明王院
五大堂
伝大江広元邸
明石谷

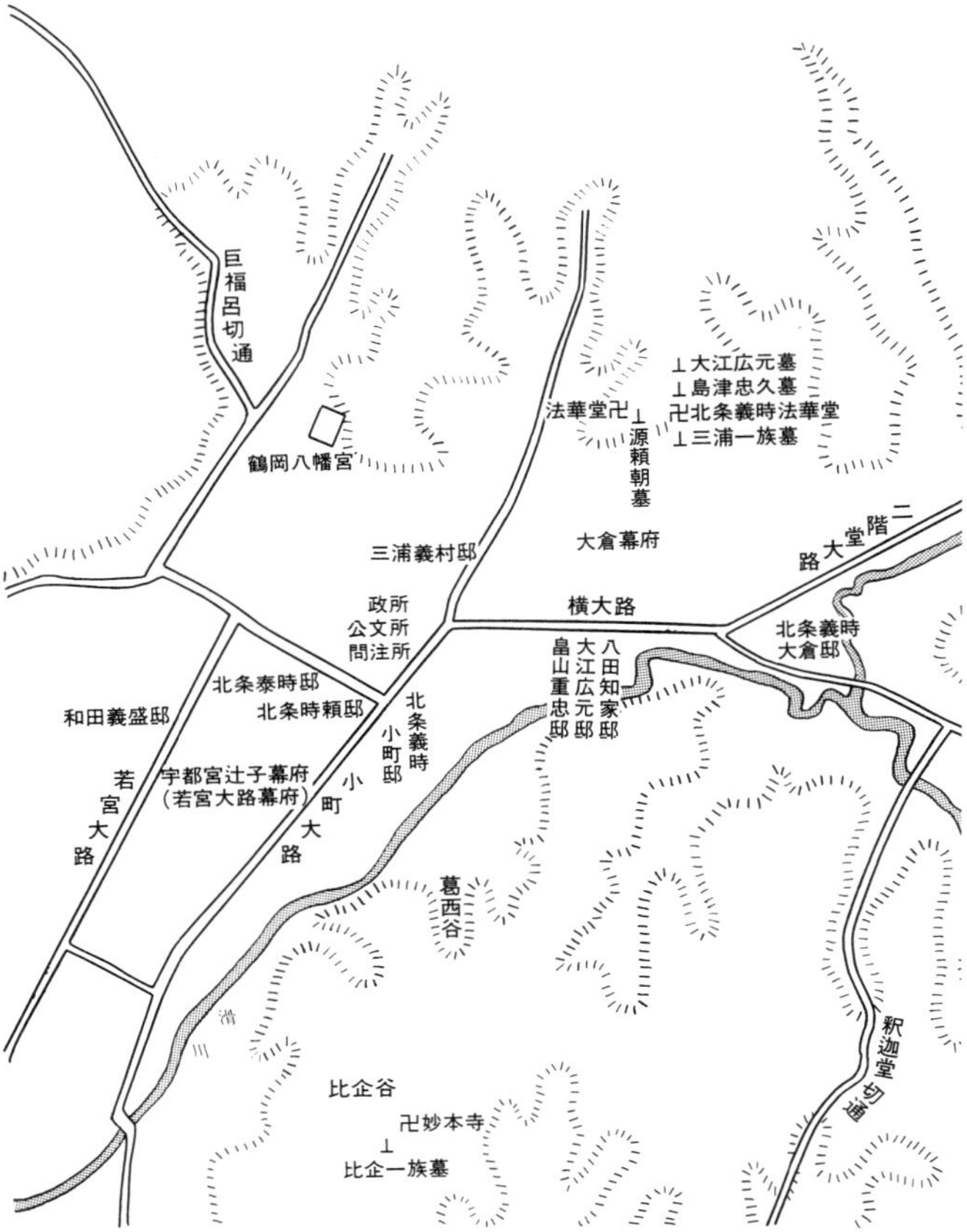

巨福呂切通
鶴岡八幡宮
法華堂
源頼朝墓
大江広元墓
島津忠久墓
北条義時法華堂
三浦一族墓
三浦義村邸
大倉幕府
二階堂大路
横大路
政所
公文所
問注所
北条義時大倉邸
畠山重忠邸
大江広元邸
八田知家邸
北条泰時邸
北条時頼邸
和田義盛邸
北条義時小町邸
若宮大路
宇都宮辻子幕府
(若宮大路幕府)
小町大路
葛西谷
滑川
比企谷
妙本寺
比企一族墓
釈迦堂切通

鎌倉関係図

大江氏略系図（『尊卑分脈』を基に諸史料を勘案して作成。┆は養子関係を示す。）

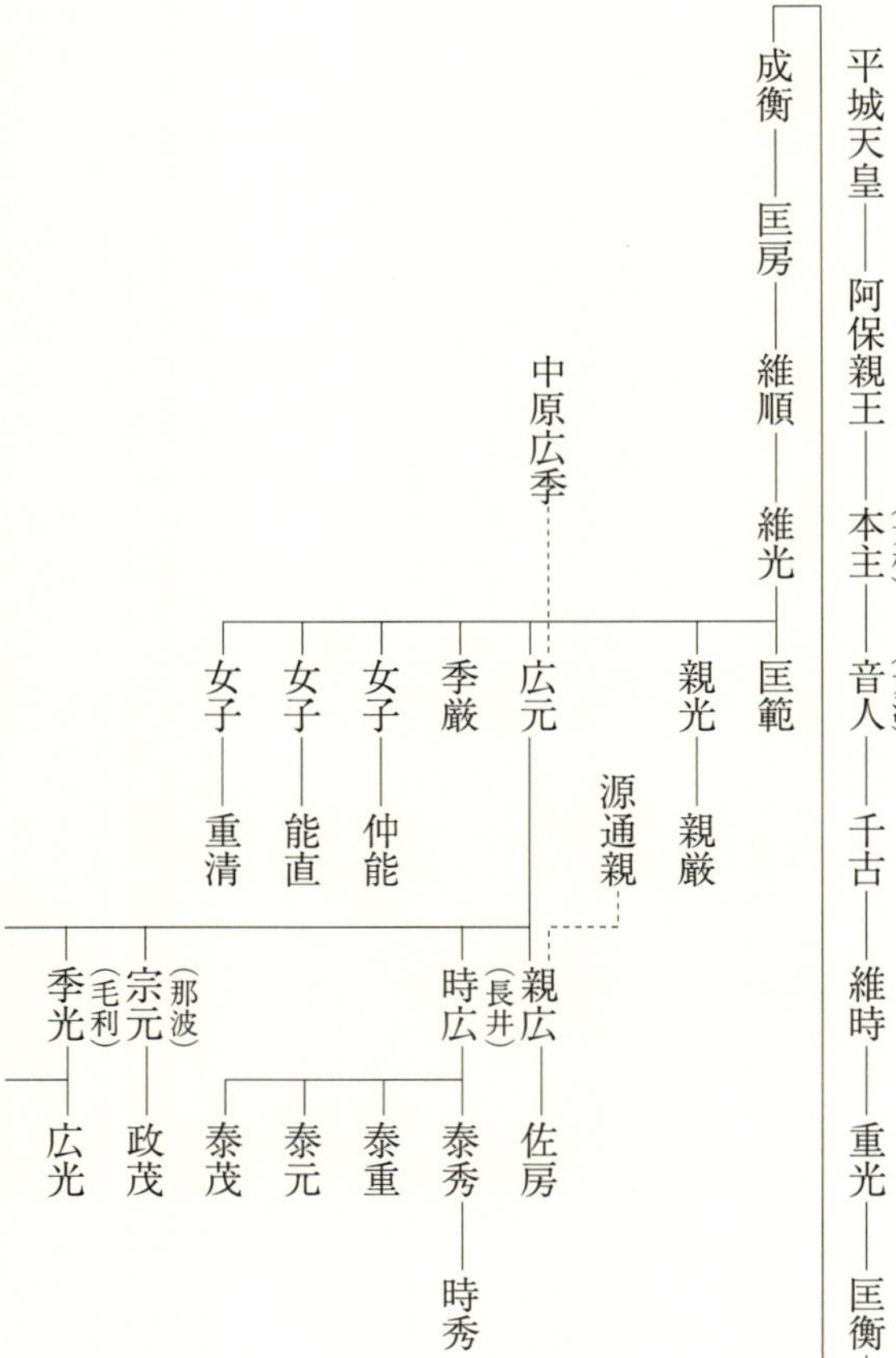

経光

尊俊

（海東）忠成

重清――（水谷）重輔

女子＝飛鳥井雅経

女子＝中原師業

女子

女子＝藤原実国

女子＝藤原公国
　　　――実深

清和源氏・北条氏略系図

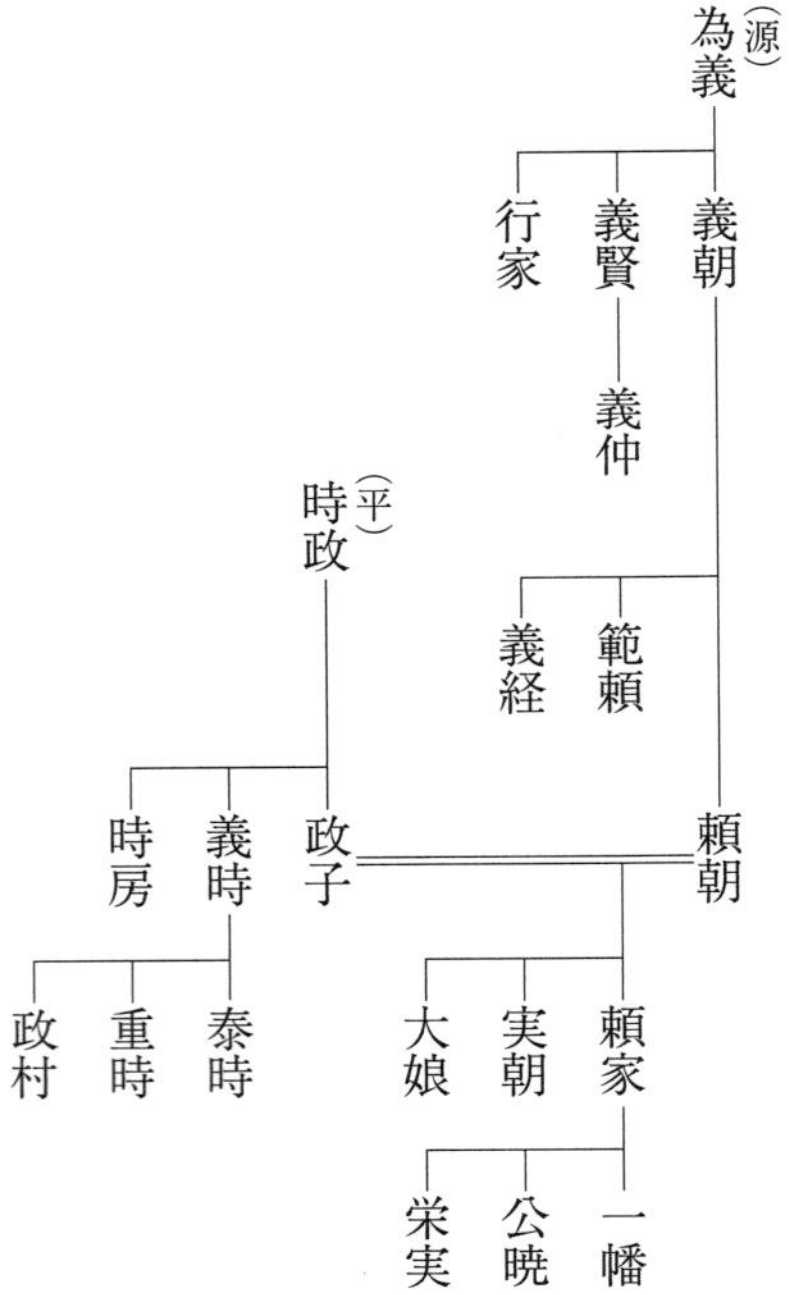

天皇家略系図（数字は即位順）

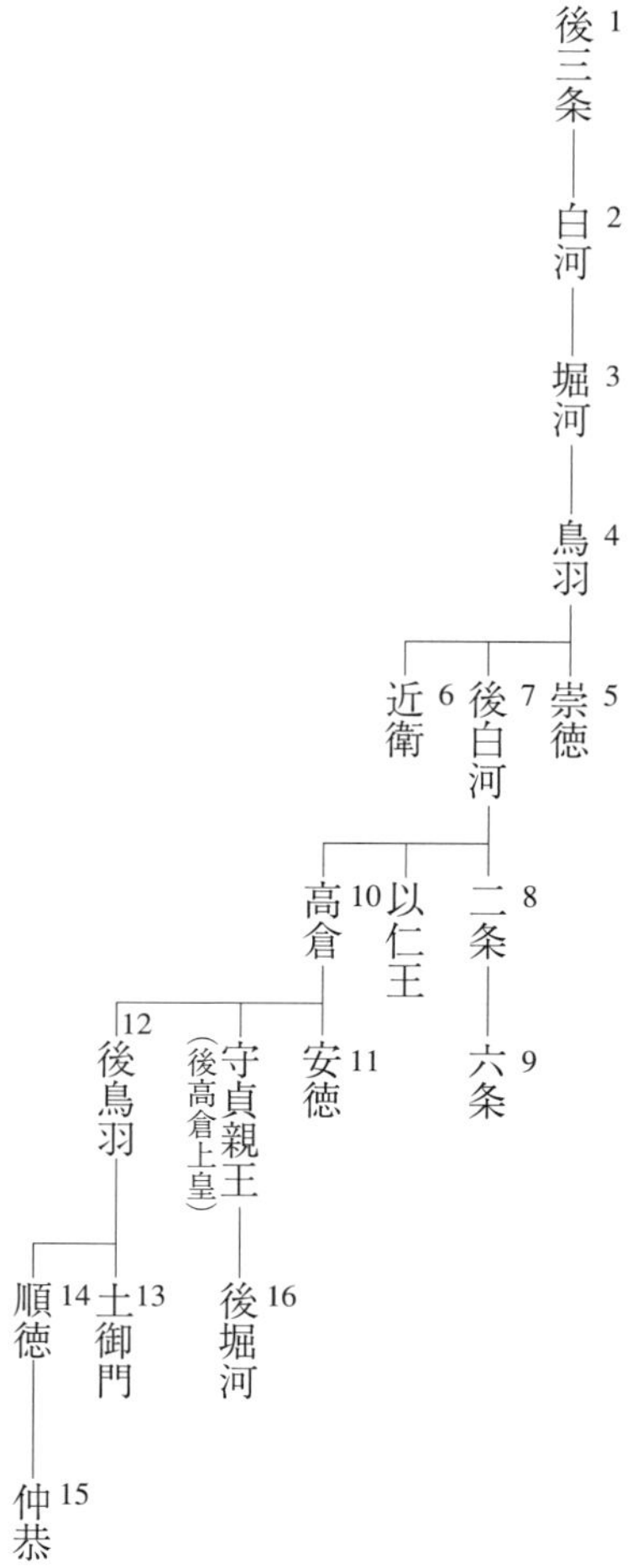

摂関家略系図

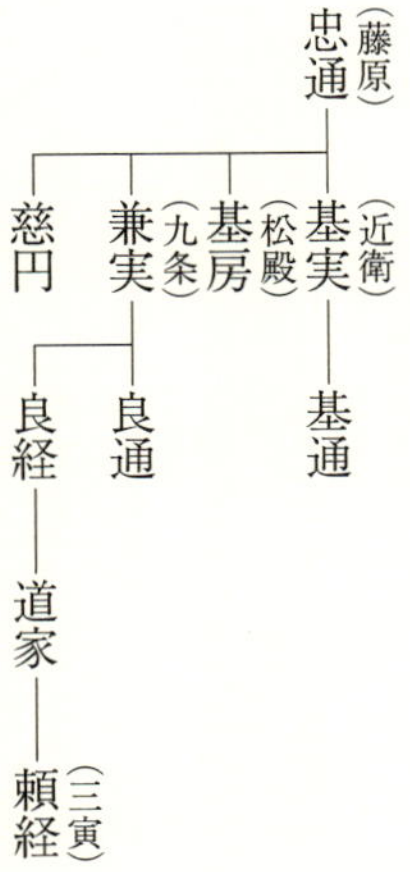

村上源氏略系図

(…養子関係を示す。)

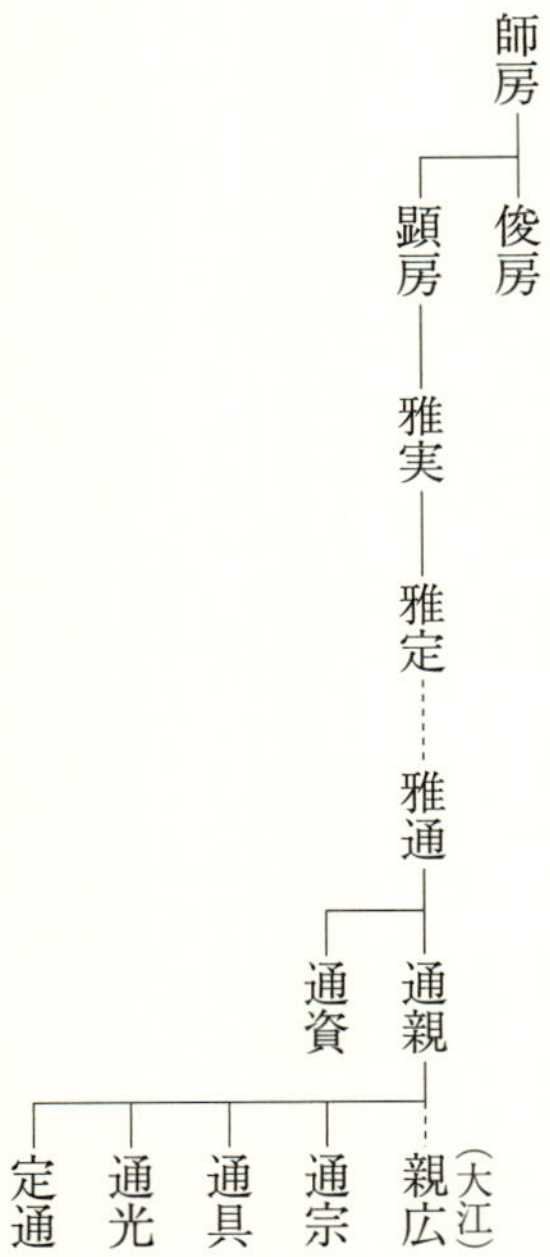

略年譜

年次	西暦	年齢	事蹟	参考事項
久安四	一一四八	一	誕生	
保元元	一一五六	九		七月、保元の乱おこる
平治元	一一五九	一二		一二月、平治の乱おこる
永暦元	一一六〇	一三		三月、源頼朝伊豆国に流される
永暦二	一一六一	一四		二月、平清盛太政大臣となる
仁安三	一一六八	二一	一二月一三日、明経得業生より縫殿允に任じられる	
嘉応二	一一七〇	二三	一二月五日、権少外記に任じられる	
承安元	一一七一	二四	正月一八日、少外記に任じられる〇この年から翌年にかけて、神宮上卿九条兼実の政務に奉仕する	
承安三	一一七三	二六	正月五日、外記の官を去り従五位下の位に叙される〇正月二一日、安芸権介に任じられる	
治承四	一一八〇	三三		五月、以仁王・源頼政挙兵〇六月、福原遷都〇八月、頼朝、伊豆国で挙兵〇一〇月、頼朝鎌倉入り〇一一月、和田義盛侍所別当となる

寿永二	一一八三	三六	四月九日、従五位上に叙される	七月、平家都落ち。源義仲入京○一〇月、いわゆる「十月宣旨」発布○一一月、法住寺合戦○冬、頼朝の命により源範頼・義経上洛
元暦元	一一八四	三七	前年末よりこの年初めまでの間に鎌倉に下向。頼朝右筆、頼朝公文所別当としての活動を始める○三月頃、頼朝の院奏状を執筆（鎌倉での事蹟の初見）○六月一日、鎌倉を離れる平頼盛への頼朝の餞別の礼に参仕○八月二〇日、受領任官を朝廷に申請○八月二八日、新造公文所門立に参仕○九月一七日、因幡守に任じられる	正月二〇日、義仲討死○二月七日、一の谷の戦い○三月、朝廷が頼朝の平家没官領支配を承認○六月、関東知行国成立○一〇月二〇日、鎌倉に問注所開かる
文治元	一一八五	三八	四月三日、正五位下に叙される○四月一三日、武蔵国威光寺の寺領に関する訴えを沙汰する○四月二七日、頼朝の公卿昇進にともない政所別当となる○五月八日、鎮西の統治に関する幕府評議に参仕する○五月一六日、鎌倉に下向した平宗盛・清宗父子に膳を進める○五月二四日、義経より弁明の書状（腰越状）を受け取る○六月二九日、因幡守を辞す○一〇月二四日、勝長寿院堂供養に参列する○一一月一二日、頼朝に対して守護・地頭に関する建議を行なう○一二月六日、頼朝による	二月一八日、屋島の戦い○三月二四日、壇の浦で平氏滅亡○一一月、頼朝の奏請により諸国に守護・地頭が置かれる

文治二	一一八六	三九	「守護・地頭」設置の朝廷への申請をめぐる幕府評議に参仕する 二月七日、頼朝より肥後国山本荘の地頭職を与えられる（幕府からの所領給与の初見）○六月二一日、鎌倉を発つ（この日付にはやや疑問あり）○七月一二日までに入京○七月一九日、京中の平家没官地の目録を作成して頼朝に送付する○七月二九日に京を発つ○閏七月一九日、鎌倉に戻る○一〇月一日、頼朝発給文書の花押に特別の権威が認められる○一〇月八日、周防国大島の地頭職を与えられる	三月一二日、九条兼実が摂政・氏長者となる○一〇月八日、謀叛人所領以外の地頭職が停止される
文治三	一一八七	四〇	六月二一日、上洛のため鎌倉を発つ○七月一三日、入京○この年の後半、閑院内裏造営の実務を沙汰する	
文治五	一一八九	四二	一〇月二四日、頼朝より藤原泰衡追討を京へ報告するよう命じられる○一一月八日、上洛のため鎌倉を発つ	七月一九日、奥州藤原氏追討のため頼朝鎌倉を発つ○九月三日、藤原泰衡討たれる○一〇月二四日、頼朝鎌倉に戻る
建久元	一一九〇	四三	三月二〇日、鎌倉に戻る○四月一九日、造大神宮役夫工米の地頭未納所領に関する成敗を沙汰する○九月二一日、頼朝の上洛準備のため先立って鎌	一〇月三日、上洛のため頼朝鎌倉を発つ○一一月七日、頼朝六波羅邸に入る○一一月九日、頼朝権大納言に

			倉を発つ	任じられる○一一月二四日、頼朝右近衛大将に任じられる○一二月四日、頼朝権大納言・右近衛大将を辞す
建久二	一一九一	四四	正月一五日、頼朝前右大将家政所吉書始に政所別当として見える（広元自身は引き続き在京か）○二月頃、法住寺殿造営の業務に着手○三月後半頃、鎌倉に戻る。四月までに上洛○四月一日、明法博士・左衛門大尉・検非違使に任じられる○一〇月二〇日、明法博士の職を辞する旨を京都に伝える○一一月五日、明法博士を辞す○一二月一七日、法住寺殿修造の功により後白河上皇より剣を与えられる○一二月末頃、鎌倉に戻る	三月二二日、頼朝の国家守護権を認める新制が発せられる○四月二六日、延暦寺衆徒が佐々木定綱を強訴する
建久三	一一九二	四五	二月四日、上洛のため鎌倉を発つ○二月一三日、入京○二月二一日、左衛門大尉・検非違使の職を辞する○五月三日、京を発つ○八月五日、頼朝将軍家政所始に別当として参仕○八月、肥後国球磨郡に設定された鎌倉殿御領の預所となる	三月一三日、後白河上皇が没する○七月一二日、頼朝征夷大将軍に任じられる
建久五	一一九四	四七	五月二九日、東大寺供養のため御家人に布施や僧供料米の勧進を命じる頼朝の指令を諸国守護人に伝える○八月八日、下毛利荘で頼朝を饗応する	
建久六	一一九五	四八	二月一四日、頼朝とともに上洛のため鎌倉を発つ	三月一〇日、東大寺落慶供養

			○三月四日、頼朝とともに入京○三月一〇日、東大寺落慶供養に臨む頼朝に供奉する○七月八日、頼朝とともに鎌倉に戻る	
建久七	一一九六	四九	正月二八日、兵庫頭に任じられる	一一月、九条兼実関白職を罷免される（いわゆる建久七年の政変）
建久九	一一九八	五一		正月一一日、後鳥羽天皇が土御門に譲位する
正治元	一一九九	五二	二月六日、頼家吉書始に参仕○四月一二日、頼家親裁停止にともない御家人合議体に加わる○一〇月二八日、和田義盛・三浦義村より、梶原景時糾弾状を受け取る○一一月一二日、景時糾弾状を頼家に取り次ぐ○一二月九日、掃部頭に任じられる	正月一三日、頼朝没する○正月二〇日頃、源通親襲撃未遂事件（いわゆる三左衛門の変）起こる○正月二六日、頼家を頼朝後継者とする宣旨が発せられる○一二月一八日、梶原景時鎌倉を追放される
正治二	一二〇〇	五三	五月頃までに大膳大夫に任じられる○六月一六日、自邸の「後山麓」に新造した屋にて勧盃管弦と蹴鞠を行なう○一二月二八日、諸国の田文を召し五〇〇町を超える分の御家人所領を零細御家人に分け与えるとする頼家の指示に対して他の幕府宿老とともに異議を唱える	正月二〇日、景時駿河国で討たれる
建仁二	一二〇二	五五		七月二二日、頼家征夷大将軍に任じられる

建仁三	一二〇三	五六	七月、病気療養のため頼家を自邸を招く○九月二日、比企氏一族の「謀叛」について北条時政の諮問に預かる○一〇月八日、源実朝元服の儀に着座○一〇月九日、実朝家政所吉書始に別当として参仕。この年までに大膳大夫を辞す	九月二日、比企氏一族が滅ぼされる○九月七日、源実朝征夷大将軍に任じられる。北条時政実朝政所別当となる○九月二九日、頼家鎌倉を追放される
元久元	一二〇四	五七	正月二八日、畠山重忠によって殺害されたとの風聞が京都に伝わる○五月一九日、実朝の命を受けて御家人が提出した頼朝発給文書の筆写実務を沙汰する	七月一八日、頼家修善寺で殺される
元久二	一二〇五	五八	閏七月二〇日、時政と牧氏の陰謀に関する北条義時邸での評議に参加する○八月七日、宇都宮頼綱の牧氏事件への連坐疑惑に関する北条政子邸での評議に参加する	六月二二日、北条時政が畠山重忠を討つ○閏七月一九日、牧氏の謀叛が発覚し、時政が鎌倉を追放される
建永元	一二〇六	五九	二月二〇日、鶴岡八幡宮での百座仁王経講読を奉行する○この年までに実朝将軍家政所別当を辞す	
承元元	一二〇七	六〇	六月二日、山木合戦以来の戦功に対する恩賞を求める天野遠景の款状を受け取る	
承元三	一二〇九	六二	五月二三日、和田義盛より上総守任官を望む款状を受け取る○一一月七日、実朝邸での酒宴にて北条義時とともに武芸の重要性を実朝に説く○一二月一五日、補任文書としての頼朝下文を所持する	

承元四	一二一〇	一九	鎌倉近国守護人の地位を保証する通達発布を沙汰する 五月六日、自邸での和歌の宴に実朝を招き三代集を進上する○一〇月一五日、実朝の所望により聖徳太子十七条憲法などを進覧に供する	一一月二五日、土御門天皇が順徳に譲位する
建暦元	一二一一	二〇	一二月一〇日、三善康信とともに「和漢名誉の武将」の事蹟を実朝に講じる○一二月二〇日、義盛より歎状の返却を求められる	
建暦二	一二一二	二一	一一月八日、実朝御所での絵合に「小野小町一期盛衰事」の絵を献じる	
建保元	一二一三	二二	正月一日、垸飯沙汰人を勤める（御家人序列第一位）○正月五日、従四位上に叙される○二月一五日、泉親衡の謀叛に関し北条義時と協議する○三月九日、義盛による和田胤長赦免申請を取り次ぐ○四月二〇日、実朝の仰せにより南京十五大寺の衆僧供養・非人施行に関する京・畿内御家人への指示を行なう○五月二日、義盛挙兵を実朝御所に急報する。義盛の軍勢に自邸を襲撃される○五月三日、実朝の仰せを奉じて武蔵国以下近国の御家人に対し義盛残党の討伐を命ずる文書を義時とともに発給する○五月四日、和田合戦の戦功に関	二月一六日、泉親衡の謀叛が露顕する○五月二日、和田義盛が挙兵する○五月三日、義盛が討たれる

			する幕府評議に参加する○五月五日、義盛所領の没官沙汰を奉行する○五月六日、自邸を仮御所として実朝を招く○八月一七日、京都の藤原定家より飛鳥井雅経を通じて送られた「和歌文書」を受け取る○一〇月、朝廷による西国の関東御領への臨時公事賦課に応じようとする実朝に異議を唱える○一一月二三日、定家より贈られた『万葉集』を実朝に届ける
建保二	一二一四	六七	正月五日、正四位下に叙される○四月一八日、大倉新御堂の供養に関する幕府評議の場で他の幕府首脳とともに実朝の意向に異議を唱える
建保三	一二一五	六八	一二月一六日、義時とともに「徳政」「善政」の実施を実朝に上申する
建保四	一二一六	六九	正月二七日、陸奥守に任じられる○八月、実朝将軍家政所別当に復任される○四月七日、大江氏への改姓を朝廷に申請する○閏六月一日、朝廷より改姓を認可される○九月一八日、実朝の近衛大将任官問題について義時より相談を受ける○九月二〇日、義時の意を受けて大将任官を断念すべきとの諫言を実朝に述べる
建保五	一二一七	七〇	一一月、病により陸奥守を辞し、出家する（法名

建保六	一二一八	七一	覚阿)、陸奥守を辞す 二月一〇日、実朝の大将任官所望の旨を朝廷に伝える〇一二月二〇日、実朝の大臣任官後政所始に別当として参仕する	三月六日、実朝左近衛大将に任じられる〇一〇月九日、実朝内大臣に任じられる〇一二月二日、実朝右大臣に任じられる
承久元	一二一九	七二	正月七日、将軍御所近辺の火災により邸宅が焼失	正月二七日、実朝が鶴岡八幡宮で公暁に殺害される〇二月一三日、幕府が将軍就任のための後鳥羽皇子鎌倉下向を奏請〇三月八日、摂津国長江・倉橋両荘の地頭職停止を求める後鳥羽院宣が鎌倉に届く〇七月一九日、九条道家の子三寅が鎌倉に下向
承久二	一二二〇	七三	五月二〇日、北条義時・北条時房・足利義氏を自邸に招いて小弓会を行なう	
承久三	一二二一	七四	五月一九日、幕府軍議の場で朝廷に対する主戦論を主張する〇五月二一日、軍議で再度主戦論を述べる	四月二〇日、順徳天皇が仲恭に譲位する〇五月一九日、北条義時追討を命じる後鳥羽上皇の院宣が鎌倉に届く〇五月二二日、幕府軍鎌倉を発つ〇六月一四日、宇治川の戦いで幕府軍が朝廷軍を破る〇六月一五日、幕府軍入京〇六月一六日、北条時房・

				北条泰時が六波羅に常駐（六波羅探題の設置）
元仁元	一二二四	七七	六月二八日、時房を執権北条泰時の後見とする方策をめぐって北条政子より相談を受ける○閏七月三日、政子の「世上沙汰」に召される（『吾妻鏡』における事蹟の最後の所見）	六月一三日、北条義時没する
嘉禄元	一二二五	七八	六月一〇日、痢病により没する	七月一一日、北条政子没する。時房が連署となる○一二月一一日、評定衆が置かれる
貞永元	一二三二		一二月五日、執権泰時の指示により散在した所蔵文書が整理され目録が孫の長井泰秀に送られる	七月一一日、御成敗式目が制定される

主要参考文献

一 史料

『大日本史料』第四編・第五編・第六編（東京大学出版会）
『尊卑分脈』（新訂増補国史大系・吉川弘文館）
『中原系図』（続群書類従系図部・続群書類従完成会）
『吾妻鏡』（新訂増補国史大系・吉川弘文館）
『兵範記』（増補史料大成・臨川書店）
『山槐記』（増補史料大成・臨川書店）
『玉葉』（図書寮叢刊・明治書院）（国書刊行会）
『吉記』（増補史料大成・臨川書店）
『明月記』（国書刊行会）
『民経記』（大日本古記録・岩波書店）
『平安遺文』（東京堂出版）
『鎌倉遺文』（東京堂出版）

『増訂鎌倉幕府裁許状集　下』（吉川弘文館）
『和歌真字序集紙背文書』（東京大学史料編纂所所蔵・未刊）
『関東評定伝』（『続群書類従』補任部・続群書類従完成会）
『寒河江市史　史料編二　大江氏ならびに関係史料』（寒河江市）
（『安中坊系譜』『永正本大江系図』『天文本大江系図』『慈恩寺伽藍記』『新編相模国風土記稿』などの
広元関係記事を収録）
『愚管抄』（日本古典文学大系・岩波書店）
『古今著聞集』（日本古典文学大系・岩波書店）
『帝王編年記』（新訂増補国史大系・吉川弘文館）
『延慶本平家物語　本文編　下』（勉誠出版）
『平家物語　上』（新日本古典文学大系・岩波書店）
『長門本平家物語』（国書刊行会）
『大江広元日記』（東京大学史料編纂所所蔵『押小路記録』所収・未刊）
『大日本史』（吉川弘文館）
『読史余論』（日本思想大系・岩波書店）

二　著書・論文

石井　進「鎌倉幕府と大江広元」（『石井進著作集第五巻　鎌倉武士の実像』）岩波書店　二〇〇五年

石母田正「文治二年の守護地頭停止について」（『石母田正著作集第九巻　中世国家成立史の研究』）岩波書店　一九八九年

上杉和彦「国家的収取体制と鎌倉幕府」『歴史学研究』六五七　一九九四年

「摂関院政期の明法家と朝廷」（『日本中世法体系成立史論』）校倉書房　一九九六年

「大江広元」（歴史科学協議会編『歴史が動く時』）青木書店　二〇〇一年

『源頼朝と鎌倉幕府』新日本出版社　二〇〇三年

岡野浩二「平安末・鎌倉期の神宮上卿」『年報中世史研究』二五　二〇〇〇年

奥富敬之編『鎌倉史跡事典』新人物往来社　一九九七年

筧　雅博「関東御領考」『史学雑誌』九三―四　一九八四年

川合　康『源平合戦の虚像を剥ぐ』講談社　一九九六年

木内正弘「鎌倉幕府恩賞の構造」『日本史研究』二九二　一九八六年

北爪真佐夫『文士と御家人』青史出版　二〇〇二年
工藤敬一「肥後国山本荘における大江広元の権限」(『荘園公領制の成立と内乱』)思文閣出版　一九九二年
五味文彦『武士と文士の中世史』東京大学出版会　一九九四年
「吾妻鏡の構想」(『増補　吾妻鏡の方法』)吉川弘文館　二〇〇〇年
「源実朝」(同前)
『明月記の史料学』青史出版　二〇〇〇年
「和歌史と歴史学―和歌序集『扶桑古文集』を素材に―」『明月記研究』九　二〇〇五年
杉橋隆夫「鎌倉初期の公武関係」『史林』五四―六　一九七一年
「鎌倉執権政治の成立過程」(『日本古文書学論集　五　中世Ⅰ』)吉川弘文館　一九八六年
「執権・連署制の起源」(同前)
関　幸彦『「鎌倉」とはなにか』山川出版社　二〇〇三年
田中　稔「大内惟義について」(『鎌倉御家人制度の研究』)吉川弘文館　一九九一年
土田直鎮「史料紹介　本所所蔵「扶桑古文集」」『東京大学史料編纂所報』二　一九六七年
永井　晋『鎌倉幕府の転換点』日本放送出版協会　二〇〇〇年

中田薫「鎌倉時代の地頭職は官職に非ず」（『法制史論集　二』）　岩波書店　一九七〇年
長又高夫「明法博士官歴考」（小林宏編『律令論纂』）　汲古書院　二〇〇三年
中村文「官人と歌人の間」『国語と国文学』八八六　一九九七年
橋本義彦『源通親』（人物叢書）　吉川弘文館　一九九二年
福田豊彦「「六条八幡宮造営注文」と鎌倉幕府の御家人制」（『中世成立期の軍制と内乱』）
　吉川弘文館　一九九五年
布施弥平治『明法道の研究』　新生社　一九六六年
前田雅之「大江広元年譜考」（梶原正昭編『軍記文学の系譜と展開』）
　汲古書院　一九九八年
目崎徳衛「鎌倉幕府草創期の吏僚について」（『貴族社会と古典文化』）
　吉川弘文館　一九九五年
安田元久『北条義時』（人物叢書）　吉川弘文館　一九六一年
山本幸司『頼朝の天下草創』（『日本の歴史　九』）　講談社　二〇〇一年
八幡義信「鎌倉幕府政所別当大江広元について」『政治経済史学』八二　一九七二年
湯田環「鎌倉幕府草創期の政務と政所」『お茶の水史学』二九　一九八六年
渡辺保『源義経』（人物叢書）　吉川弘文館　一九六六年
『寒河江市史　上巻　原始・古代・中世編』　寒河江市　一九九四年

『角川日本地名大事典』
『日本歴史地名大系』

角川書店
平凡社

著者略歴
一九五九年生まれ
一九八八年東京大学大学院人文科学研究科博士課程単位取得
元明治大学教授　文学博士
二〇一八年没
主要著書
日本中世法体系成立史論　源頼朝と鎌倉幕府

人物叢書　新装版

大江広元

二〇〇五年（平成十七）五月十日　第一版第一刷発行
二〇二二年（令和四）三月二十日　第一版第二刷発行

著者　上杉和彦《うえすぎかずひこ》
編集者　日本歴史学会
代表者　藤田覚
発行者　吉川道郎
発行所　株式会社 吉川弘文館
東京都文京区本郷七丁目二番八号
郵便番号一一三―〇〇三三
電話〇三―三八一三―九一五一〈代表〉
振替口座〇〇一〇〇―五―二四四
http://www.yoshikawa-k.co.jp/
印刷＝株式会社 平文社
製本＝ナショナル製本協同組合

ISBN978-4-642-05231-3

『人物叢書』（新装版）刊行のことば

人物叢書は、個人が埋没された歴史書が盛行した時代に、「歴史を動かすものは人間である。個人の伝記が明らかにされないで、歴史の叙述は完全であり得ない」という信念のもとに、専門学者に執筆を依頼し、日本歴史学会が編集し、吉川弘文館が刊行した一大伝記集である。

幸いに読書界の支持を得て、百冊刊行の折には菊池寛賞を授けられる栄誉に浴した。

しかし発行以来すでに四半世紀を経過し、長期品切れ本が増加し、読書界の要望にそい得ない状態にもなったので、この際既刊本の体裁を一新して再編成し、定期的に配本できるような方策をとることにした。既刊本は一八四冊であるが、まだ未刊である重要人物の伝記についても鋭意刊行を進める方針であり、その体裁も新形式をとることとした。

こうして刊行当初の精神に思いを致し、人物叢書を蘇らせようとするのが、今回の企図である。大方のご支援を得ることができれば幸せである。

昭和六十年五月

日本歴史学会

代表者 坂本太郎

日本歴史学会編集

人物叢書〈新装版〉

▽没年順　▽一、四〇〇円～三、五〇〇円(税別)　▽品切書目の一部についてオンデマンド版の販売を開始しました。詳しくは図書目録、または小社ホームページをご覧ください。

- **日本武尊**　上田正昭著　熊襲・蝦夷の征討に東奔西走する悲劇の皇子
- **継体天皇**　篠川　賢著　古代国家形成の画期をつくった六世紀の大王
- **聖徳太子**　坂本太郎著　推理や憶測を排し透徹の史眼で描く決定版！
- **秦　河勝**　井上満郎著　飛鳥時代を生きぬいた聖徳太子の側近の生涯
- **蘇我蝦夷・入鹿**　門脇禎二著　悪逆非道の人間像を内外政治状勢の中に活写
- **天智天皇**　森　公章著　中央集権体制の確立を推進した古代の天皇
- **額田王**　直木孝次郎著　二人の皇子に愛された『万葉集』女流歌人の伝
- **持統天皇**　直木孝次郎著　天武の皇后波瀾苦悩の生涯を時代の上に描く
- **柿本人麻呂**　多田一臣著　『万葉集』を手がかりに「歌聖」の生涯に迫る
- **藤原不比等**　高島正人著　藤原氏繁栄の礎を築いた稀代の大政治家描く
- **長屋王**　寺崎保広著　邸宅跡発掘と史料駆使し自尽に至る生涯描く
- **大伴旅人**　鉄野昌弘著　歌の世界を切り開いた万葉歌人・政治家
- **県犬養橘三千代**　義江明子著　奈良朝に華麗な血脈を築き上げた女官の生涯
- **山上憶良**　稲岡耕二著　奈良時代の歌人。独自の作風と貴き生涯追う
- **行　基**　井上　薫著　架橋布施屋等社会事業史に輝く奈良時代高僧
- **橘　諸兄**　中村順昭著　天平期、政権トップに立った皇親政治家！
- **光明皇后**　林　陸朗著　聖武の皇后天平のヒロイン。仏教興隆に尽す
- **鑑　真**　安藤更生著　奈良仏教・文化に感化与えた唐招提寺の開祖
- **藤原仲麻呂**　岸　俊男著　大臣から逆賊に一転、奈良朝史の秘鍵を解く
- **阿倍仲麻呂**　森　公章著　玄宗皇帝に仕え、唐で客死した遣唐使の生涯
- **道　鏡**　横田健一著　空前絶後の怪僧。女帝治下の暗闘・陰謀を解く
- **吉備真備**　宮田俊彦著　該博な学識を持つ奈良時代屈指の学者政治家
- **早良親王**　西本昌弘著　桓武天皇の皇太子。怨霊イメージに隠れた姿
- **佐伯今毛人**　角田文衞著　東大寺造営の主宰者。渦巻く政局と生涯照射
- **和気清麻呂**　平野邦雄著　勝れた古代革新政治家の真面目を再評価する
- **桓武天皇**　村尾次郎著　人材を登用し清新な政治行った延暦聖主の伝
- **坂上田村麻呂**（新稿版）　高橋　崇著　征夷の英雄として名高き武将の全生涯を解明
- **最　澄**　田村晃祐著　日本天台宗の開祖。思想と行動と波瀾の生涯
- **平城天皇**　春名宏昭著　在位三年で新政策を展開した平安初期の天皇
- **藤原冬嗣**　虎尾達哉著　摂関家興隆の基礎を築いた嵯峨天皇の側近

円仁　佐伯有清著　最澄の高弟。天台密教を弘めた三世天台座主
伴善男　佐伯有清著　謎秘める応天門の怪火俊敏宰相の数奇な生涯
清和天皇　神谷正昌著　平安前期に即位した初の幼帝。清和源氏の祖
円珍　佐伯有清著　五世天台座主智証大師の生涯を克明に描く！
菅原道真　坂本太郎著　中傷にあい流謫大宰府に死す学問の神天神様
聖宝　佐伯有清著　聖徳太子の後身として崇められた気高い生涯
三善清行　所　功著　『意見封事』で有名な論策家。平安初期漢学者
藤原純友　松原弘宣著　摂関家傍流の中央官人であった純友の生涯
紀貫之　目崎徳衛著　王朝歌壇の偶像から急顚落。業績検討再評価
小野道風　山本信吉著　三跡の代表として名高い平安中期の名筆の伝
良源　平林盛得著　叡山中興の祖。平安中期天台座主。元三大師
藤原佐理　春名好重著　三跡の一、平安中期屈指の能書家の生涯描く
紫式部　今井源衛著　源氏物語作者の生涯を社会・政治背景に浮彫
慶滋保胤　小原　仁著　花山朝の政治を担った浄土信仰の先駆者の伝
一条天皇　倉本一宏著　摂関家と協調し、王朝文化を開花させた英主
大江匡衡　後藤昭雄著　平安朝漢詩文に優れた足跡を残した名儒の伝

源信　速水　侑著　日本浄土教の祖と仰がれる『往生要集』著者の伝
源頼光　朧谷　寿著　大江山酒呑童子退治で有名な頼光の生涯描く
藤原道長　山中　裕著　摂関政治全盛を築き栄華の世を極めた公卿伝
藤原行成　黒板伸夫著　一代の名筆、道長政権下に活躍した貴族官僚
藤原彰子　服藤早苗著　天皇の母として院政への架け橋となった生涯
源頼義　元木泰雄著　義家・頼朝へと続く河内源氏二代目の実像！
清少納言　岸上慎二著　枕草子の著者。学識と機智に富む稀代の才女
和泉式部　山中　裕著　摂関政治全盛時代の代表的・情熱的女流歌人
源義家　安田元久著　天下第一武勇の士と称讃された八幡太郎の伝
大江匡房　川口久雄著　平安末期最高の知識人学者兼政治家の人間像
奥州藤原氏四代　高橋富雄著　平泉王国を建設した清衡以下四代の興亡描く
藤原頼長　橋本義彦著　悪左府―保元乱の元凶か？思想と行動を描く
藤原忠実　元木泰雄著　平安後期、落日の摂関家を担い苦闘した人生
源頼政　多賀宗隼著　平安末の武将・歌人。平氏打倒に蹶起の実像
平清盛　五味文彦著　朝廷の政治世界に初めて武家政権を開く生涯
源義経　渡辺　保著　赫々たる武勲と数奇な運命。悲劇の英雄実伝

西行　目崎徳衛著　「数奇の遁世者」の行実と特異な生涯を描く

後白河上皇　安田元久著　平氏盛衰、権謀術数もちい朝廷の存続はかる

千葉常胤　福田豊彦著　関東の名族、鎌倉幕府建設の大功労者の生涯

源通親　橋本義彦著　平安～鎌倉の宮廷政治家・歌人の手腕と業績

文覚　山田昭全著　『平家物語』に華々しく描かれる「荒法師」

畠山重忠　貫達人著　鎌倉武士の典型。美談に富む誠実礼節の勇士

法然　田村圓澄著　執拗な弾圧下信念に生き抜いた浄土宗の開祖

栄西　多賀宗隼著　臨済宗開祖・茶祖。思想文化に感化を与えた名僧

北条義時　安田元久著　実朝暗殺―承久の乱に三上皇流す現実政治家

大江広元　上杉和彦著　鎌倉幕府の確立に貢献した文人政治家の生涯

北条政子　渡辺保著　頼朝没後尼将軍と謳われた女傑の苦悩浮彫す

慈円　多賀宗隼著　鎌倉初期の天台座主。勝れた和歌と史論残す

明恵　田中久夫著　栂尾高山寺の開山。戒律を重視した華厳名僧

藤原定家　村山修一著　中世歌壇の大御所、二条派歌学の祖、歌論家

北条泰時　上横手雅敬著　御成敗式目の制定者。鎌倉幕府稀代の名執権

道元 新稿版　竹内道雄著　曹洞宗の開祖。偉大な生涯と宗教思想を描く

北条重時　森幸夫著　執権泰時・時頼を支え、幕府に寄与した全生涯

親鸞　赤松俊秀著　肉食妻帯を自から実践真の民衆宗教を樹立す

北条時頼　高橋慎一朗著　鎌倉時代中期の執権、仏教者の実像に迫る！

日蓮　大野達之助著　余宗排撃と国難来を予言した波瀾情熱の宗祖

阿仏尼　田渕句美子著　鎌倉時代の女流歌人。その才気溢れる実像！

北条時宗　川添昭二著　蒙古襲来の真相と若き執権の実像に迫る初伝

一遍　大橋俊雄著　踊り念仏で全国遊行した鎌倉仏教時宗の宗祖

叡尊・忍性　和島芳男著　戒律再興と社会事業に献身した師弟高僧の伝

京極為兼　井上宗雄著　鎌倉期、両統対立の政界に活躍した反骨歌人

金沢貞顕　永井晋著　鎌倉末期の執権。衰えゆく幕府を支えた生涯

菊池氏三代　杉本尚雄著　肥後の名族菊池氏―南北朝期活躍の武将描く

新田義貞　峰岸純夫著　尊氏と勢威を競い、戦闘に明け暮れた武将伝

花園天皇　岩橋小弥太著　両統迭立期、公正な態度持した文徳高い天皇

赤松円心・満祐　高坂好著　円心の挙兵、満祐の将軍弑逆等その転変描く

卜部兼好　冨倉徳次郎著　徒然草で有名な中世の隠者・歌人・随筆評論家

覚如　重松明久著　本願寺を創建して真宗教団の基礎を築く名僧

ルイス・フロイス　五野井隆史著　戦国期社会を知る貴重な記録を残した宣教師
足利義昭　奥野高広著　運命に翻弄された数奇な室町幕府最後の将軍
前田利家　岩沢愿彦著　変転・動乱の世を生き抜く加賀百万石の藩祖
長宗我部元親　山本　大著　戦国土佐の大名。南国文化築いた名将の生涯
安国寺恵瓊　河合正治著　秀吉の天下統一援けたが関ヶ原役に敗れ斬首
石田三成　今井林太郎著　秀吉に抜擢されて孤忠尽す。果して奸物か？
真田昌幸　柴辻俊六著　織豊期を必死に生き抜く、処世術と事跡検証
最上義光　伊藤清郎著　出羽五七万石の礎を築いた戦国武将の全生涯
前田利長　見瀬和雄著　〝加賀百万石〟の礎を築いた二代当主の生涯
高山右近　海老沢有道著　改宗を肯んぜず国外に追放された切支丹大名
島井宗室　田中健夫著　織豊政権に暗躍した博多の豪商、茶人・貿易家
淀　君　桑田忠親著　秀吉の愛妾となり大坂城に君臨自滅した女傑
片桐且元　曽根勇二著　大坂の陣を前に苦悩奔走した真実と実像探る
徳川家康　藤井讓治著　一次史料から全行動を正確に描いた決定版！
藤原惺窩　太田青丘著　近世朱子学の開祖。文芸復興の業績と人間像
支倉常長　五野井隆史著　慶長遣欧使節を努めた仙台藩士の実像に迫る

徳川秀忠　山本博文著　第二代将軍の政策を分析し、人物像を再評価
伊達政宗　小林清治著　独眼よく奥羽を制覇し大藩築く、施政と生涯
天草時貞　岡田章雄著　島原乱の指導者。生立ちと一揆の顛末を描く
立花宗茂　中野　等著　九州柳川藩の祖。軍記による粉飾拭った実伝
宮本武蔵　大倉隆二著　二天一流を開いた江戸初期の兵法家の実像！
佐倉惣五郎　児玉幸多著　義民惣五郎の実在を証明し事件の真相を解明
小堀遠州　森　蘊著　遠州流茶祖。歌道・書・陶芸・造庭の巨匠事蹟
徳川家光　藤井讓治著　「生まれながらの将軍」の四八年の生涯を描く
由比正雪　進士慶幹著　丸橋忠弥らと幕府転覆を企て計破れた快雄伝
林　羅山　堀　勇雄著　博識を以て家康以下三代に仕えた模範的学者
松平信綱　大野瑞男著　家光側近として幕府確立に尽力した川越藩主
国姓爺　石原道博著　鄭成功。抗清復明の義挙に参加温血快漢の伝
野中兼山　横川末吉著　土佐藩制確立期の大政治家。善政苛政を浮彫
保科正之　小池　進著　家綱を後見し、家訓十五条を遺した会津藩主
隠　元　平久保　章著　招きに応じて渡来尊崇博した禅宗黄檗派の祖
徳川和子　久保貴子著　葵と菊の架け橋となった東福門院の初の伝記

酒井忠清　福田千鶴著　後世に悪者として描かれた江戸前期の政治家

朱　舜水　石原道博著　明末の大儒、水戸学に感化与えた高節帰化人

池田光政　谷口澄夫著　備前岡山藩祖。民政・文教に治績をあげた名君

山鹿素行　堀　勇雄著　日本中朝主義を提唱、儒学者・兵学者の詳伝

井原西鶴　森　銑三著　浮世草子作家の生涯を厳密な作品研究で抉る

松尾芭蕉　阿部喜三男著　最近の研究成果踏まえ作品織り成す俳聖の伝

三井高利　中田易直著　財閥三井家の始祖。元禄期に活躍した大商人

河村瑞賢　古田良一著　海運・治水事業に功遂げた江戸時代の大商人

徳川光圀　鈴木暎一著　水戸黄門で知られる二代藩主を捉え直す実伝

契　沖　久松潜一著　僧侶の身で古典を究め近世国学の先駆となる

市川団十郎　西山松之助著　成田屋初代から現十二代までの人と芸の列伝

伊藤仁斎　石田一良著　京都市井の大儒、古学を唱えた堀川学派の祖

徳川綱吉　塚本　学著　賞罰厳明・生類憐み―江戸幕府五代将軍の伝

貝原益軒　井上　忠著　江戸中期経学医学等広範に功残す福岡藩儒者

前田綱紀　若林喜三郎著　加賀藩中興の名君。藩民政典籍収集の功著大

近松門左衛門　河竹繁俊著　劇作家の氏神の素性と生涯を作品と共に描く

新井白石　宮崎道生著　近世詩壇の王者。和漢洋に亙る博学者の全伝

鴻池善右衛門　宮本又次著　大阪随一の富豪。財閥成長の事歴鮮明にする

石田梅岩　柴田　実著　〝心学〟の開祖。生涯と思想行実を巧みに描く

太宰春台　武部善人著　江戸時代を代表する儒者。―その学問と生涯

徳川吉宗　辻　達也著　江戸幕府中興の英主。享保改革の実体を究明

大岡忠相　大石　学著　大岡越前として名高い江戸中期の幕臣の実像

賀茂真淵　三枝康高著　国学の巨匠。業績・生涯を時代と共に描く力篇

平賀源内　城福　勇著　江戸中期の博物学者戯作者。奇才獄中に憤死

与謝蕪村　田中善信著　江戸時代の代表的文人画家の初の本格的伝記

三浦梅園　田口正治著　多数の驚異的哲理書著わす。近世の大思想家

毛利重就　小川國治著　藩政改革を断行した萩藩「中興の祖」の初伝

本居宣長　城福　勇著　国学の大成者。その学問・思想と業績を活写

山村才助　鮎沢信太郎著　鎖国下、世界地理学に先鞭つけた異才の業績

木内石亭　斎藤　忠著　江戸中期の奇石蒐集家日本先史学の開拓者！

小石元俊　山本四郎著　蘭学を京都に広め解剖の技倆に優れた先覚者

山東京伝　小池藤五郎著　戯作浮世絵の大家、典型的通人の文芸と生涯

杉田玄白　片桐一男著　蘭学の確立発展に熱情傾け名誉遺した先覚者

塙 保己一　太田善麿著　群書類従等古典編集校刊の偉業遂ぐ盲人学者

上杉鷹山　横山昭男著　藩政改革に治績あげた米沢藩主。―封建の名君

大田南畝　浜田義一郎著　蜀山人。天明狂歌壇の王者、作品と生涯描く

只野真葛　関 民子著　女性の闘争を宣言した時代に早すぎた人の伝

小林一茶　小林計一郎著　庶民の哀歓を率直に歌いあげた異色の俳人伝

大黒屋光太夫　亀井高孝著　露領の小島に漂着十一年後送還された運命児

松平定信　高澤憲治著　寛政改革を推進し文化人と評された老中の伝

菅江真澄　菊池勇夫著　民俗学の先駆者となった『遊歴文人』の全生涯

鶴屋南北　古井戸秀夫著　『東海道四谷怪談』を書いた狂言作者の生涯

島津重豪　芳 即正著　江戸後期積極的な開化政策推進した薩摩藩主

狩谷棭斎　梅谷文夫著　書誌学・金石学の基礎を築き考証学を大成す

最上徳内　島谷良吉著　江戸後期の蝦夷地探検家。北方問題に寄与大

渡辺崋山　佐藤昌介著　幕末の文人画家。蛮社の獄を招いた悲劇の伝

柳亭種彦　伊狩 章著　『田舎源氏』で空前のブーム起した旗本戯作者

香川景樹　兼清正徳著　公家歌学・尚古的歌論斥け歌壇の革新はかる

平田篤胤　田原嗣郎著　宣長の学統継ぐ国学の巨匠。精力的事蹟描く

間宮林蔵　洞 富雄著　大探検家。幕府隠密。明暗併せ描く異色の伝記

滝沢馬琴　麻生磯次著　晩年失明後も辛苦口述続けた最初の稿料作家

調所広郷　芳 即正著　幕末薩摩藩家老。財政改革の全容と生涯解明

橘 守部　鈴木暎一著　独学古典を研鑽し宣長学を批判。新境地開く

黒住宗忠　原 敬吾著　特異な宗派神道―黒住教の霊能と教祖の実伝

水野忠邦　北島正元著　天保改革を断行した悲劇宰相の業績背景活写

帆足万里　帆足図南次著　日本科学史に異彩放つ先駆者の生涯業績描く

江川坦庵　仲田正之著　太平に眠る幕閣に警鐘ならした幕末の名代官

藤田東湖　鈴木暎一著　代表的な水戸学者。熱血漢波瀾の生涯を描く

二宮尊徳　大藤 修著　荒廃農村の復興に尽力した江戸末期の農政家

広瀬淡窓　井上義巳著　門弟三千幕末の逸材多数を輩出した大教育家

大原幽学　中井信彦著　勝れた下総の農民指導者、協同組合の創始者

島津斉彬　芳 即正著　内政外交に卓抜な英知示した開明派薩摩藩主

月 照　友松圓諦著　西郷と相抱いて薩摩潟に投身した憂国勤皇僧

橋本左内　山口宗之著　安政の大獄に散った偉大な青年の行動と事蹟

井伊直弼	吉田常吉著	開国の先覚か違勅の元凶か？時代と人物活写
吉田東洋	平尾道雄著	幕末土佐藩政改革の主役者。隠れた偉才の伝
緒方洪庵	梅溪　昇著	種痘の普及、適塾を主宰した江戸の蘭医学者
佐久間象山	大平喜間多著	識見高邁幕末の開国論者。奔走中凶刀に斃る
真木和泉	山口宗之著	幕末尊攘派の理論的指導者。波瀾の生涯描く
高島秋帆	有馬成甫著	西洋砲術を修め率先洋式兵制と開国を唱道す
シーボルト	板沢武雄著	鎖国下西欧科学を伝えた近代日本の一大恩人
高杉晋作	梅溪　昇著	士庶混成の奇兵隊を創設した幕末の長州藩士
川路聖謨	川田貞夫著	日露和親条約締結の立役者。幕府に殉じた生涯
横井小楠	圭室諦成著	雄藩連合による開明的施策に身命捧げた先覚
小松帯刀	高村直助著	大政奉還から王政復古を演出した薩摩藩家老
山内容堂	平尾道雄著	幕末土佐の名君。詩酒奔放。大政奉還の偉功者
江藤新平	杉谷　昭著	明治初期立法の偉功者佐賀乱に敗れて刑死す
和　宮	武部敏夫著	公武合体の犠牲―家茂に嫁した数奇な皇女伝
西郷隆盛	田中惣五郎著	太っ腹で誠実、維新三傑の一。大生涯を描く
ハリス	坂田精一著	日本開国の主役―辣腕外交家の真面目を描く
森　有礼	犬塚孝明著	伊藤内閣初代文相。各界で活躍した事蹟描く
松平春嶽	川端太平著	幕末越前の名君。波瀾苦悩の生涯と政情描く
中村敬宇	高橋昌郎著	女子教育・盲唖教育を開拓した偉大な啓蒙家
河竹黙阿弥	河竹繁俊著	近世演劇の集大成者。作品解説兼ねる好伝記
寺島宗則	犬塚孝明著	幕末明治の激動期を生きた外務卿の本格的伝
樋口一葉	塩田良平著	貧窮裡に天稟を磨き忽然世を去った薄命作家
ジョセフ＝ヒコ	近盛晴嘉著	漂流渡米し受洗帰化、我国最初の新聞発刊者
勝　海舟	石井　孝著	機略縦横、不遇未完の政治家を維新期に活写
臥雲辰致	村瀬正章著	ガラ紡織機を発明し日本産業発展史に名残す
黒田清隆	井黒弥太郎著	埋もれた明治の礎石。多彩・悲劇の生涯描く
伊藤圭介	杉本　勲著	日本植物学の始祖。近代科学史上の先駆者！
福沢諭吉	会田倉吉著	広範な資料に基づく近代日本の大先覚者の伝
星　亨	中村菊男著	凶刃に斃れた明治政界偉材の怒濤・波瀾の伝
中江兆民	飛鳥井雅道著	仏学派代表と目された奇人兆民の理想と生涯
西村茂樹	高橋昌郎著	明治初期の思想家・教育者。多彩な業績紹介
正岡子規	久保田正文著	俳句・和歌の革新に不滅の偉業遂ぐ巨匠描く

清沢満之　吉田久一著　明治仏教界の明星。宗教的天才の思想と生涯
滝廉太郎　小長久子著　「荒城の月」「箱根八里」等名曲残す天才作曲家
副島種臣　安岡昭男著　ハイカラで威厳に満ちた明治期外務卿の生涯
田口卯吉　田口親著　近代日本建設に前人未到の足跡残した快男児
福地桜痴　柳田泉著　非凡な才能世に容れられず才人の再評価描く
陸羯南　有山輝雄著　徳富蘇峰らと対峙した孤高のジャーナリスト
児島惟謙　田畑忍著　大津事件に司法権独立護持。明治法曹界巨人
荒井郁之助　原田朗著　初代中央気象台長。自然科学の基礎築く先覚
幸徳秋水　西尾陽太郎著　社会主義から無政府主義へ。大逆事件で刑死
ヘボン　高谷道男著　幕末日本に渡来、銘記すべき業績残した恩人
石川啄木　岩城之徳著　薄命の大天才歌人。波瀾の裏面生活を浮彫す
乃木希典　松下芳男著　古武士的風格と家庭生活併せ描く将軍の実伝
岡倉天心　斎藤隆三著　日本美術の優秀性を世界に唱道した大先覚者
桂太郎　宇野俊一著　長州藩閥のエリートが閥族政治の脱却に挑む
徳川慶喜　家近良樹著　江戸幕府最後の将軍。複雑な性格と行動描く
加藤弘之　田畑忍著　初代東大総長。一世に感化与えた碩学の生涯

山路愛山　坂本多加雄著　明治大正期の卓越した思想家愛山の本格的伝
伊沢修二　上沼八郎著　明治教育界の大開拓者近代教育の基礎を築く
秋山真之　田中宏巳著　独自の兵学で日本海海戦に勝利した戦術家伝
前島密　山口修著　郵便の父。近代日本確立期、多彩に活躍の人
成瀬仁蔵　中嶌邦著　近代女子教育に尽力した日本女子大の創立者
前田正名　祖田修著　明治殖産興業の推進者広汎な活動克明に描く
大隈重信　中村尚美著　早大創立者。波瀾万丈の偉大な政党政治家！
山県有朋　藤村道生著　国軍建設の父、明治の元勲。絶対主義の権化
大井憲太郎　平野義太郎著　自由民権の急先鋒。労働・社会運動の先駆者
河野広中　長井純市著　立憲政治の完成を追求した民衆政治家の生涯
富岡鉄斎　小高根太郎著　セザンヌ・ゴッホに比すべき非凡な文人画家
大正天皇　古川隆久著　激動の明治・昭和の狭間を治めた守成の君主
津田梅子　山崎孝子著　女性解放と女子教育の開拓に精魂尽す先覚者
豊田佐吉　楫西光速著　世界的鉄製自動織機を完成。発明王・紡績王
渋沢栄一　土屋喬雄著　近代日本の発展に多大な役割演じた大実業家
有馬四郎助　三吉明著　我国行刑史上不滅の名残すクリスチャン典獄

武藤山治　入交好脩著　鐘紡王国建設、時事新報社長等政財界に活躍
坪内逍遙　大村弘毅著　明治大正期文壇に君臨した文豪、劇作評論家
山室軍平　三吉　明著　伝道と社会事業に献身した日本救世軍司令官
阪谷芳郎　西尾林太郎著　大蔵大臣、東京市長等を務めたエコノミスト
南方熊楠　笠井　清著　奇行・型破りの非凡な学者。学問・業績を描く
山本五十六　田中宏巳著　真珠湾奇襲作戦を実行した〝名提督〟の実像
中野正剛　猪俣敬太郎著　東条に抗し弾圧下に割腹。激動・波瀾の詳伝
三宅雪嶺　中野目　徹著　雑誌中心に社会を論じた稀有の言論人の生涯
近衛文麿　古川隆久著　首相を三度務めた昭和前期の政治家の全生涯
河上　肇　住谷悦治著　弾圧下学問的良心守るマルクス主義経済学者
牧野伸顕　茶谷誠一著　昭和天皇の信任篤かった内大臣の生涯を描く
幣原喜重郎　種稲秀司著　平和をめざし尽力した外交官・政治家の生涯
御木本幸吉　大林日出雄著　伝説化した真珠王伝を大きく書き改めた力篇
尾崎行雄　伊佐秀雄著　藩閥に抗し軍国主義と戦う、憲政の神の生涯
緒方竹虎　栗田直樹著　戦後55年体制の礎を築いた政党政治家の足跡
石橋湛山　姜　克實著　明治〜昭和に活躍した言論人・政治家・思想家
八木秀次　沢井　実著　「八木・宇田アンテナ」を発明した科学技術者
森戸辰男　小池聖一著　一貫して社会科学者であり続けた生涯を描く
▽以下続刊